essentials

Essentials liefern aktuelles Wissen in konzentrierter Form. Die Essenz dessen, worauf es als „State-of-the-Art" in der gegenwärtigen Fachdiskussion oder in der Praxis ankommt. Essentials informieren schnell, unkompliziert und verständlich.

- als Einführung in ein aktuelles Thema aus Ihrem Fachgebiet
- als Einstieg in ein für Sie noch unbekanntes Themenfeld
- als Einblick, um zum Thema mitreden zu können.

Die Bücher in elektronischer und gedruckter Form bringen das Expertenwissen von Springer-Fachautoren kompakt zur Darstellung. Sie sind besonders für die Nutzung als eBook auf Tablet-PCs, eBook-Readern und Smartphones geeignet.

Essentials: Wissensbausteine aus Wirtschaft und Gesellschaft, Medizin, Psychologie und Gesundheitsberufen, Technik und Naturwissenschaften. Von renommierten Autoren der Verlagsmarken Springer Gabler, Springer VS, Springer Medizin, Springer Spektrum, Springer Vieweg und Springer Psychologie.

Xiaojuan Ma · Florian Becker

Business-Kultur in China

China-Expertise in Werten, Kultur und Kommunikation

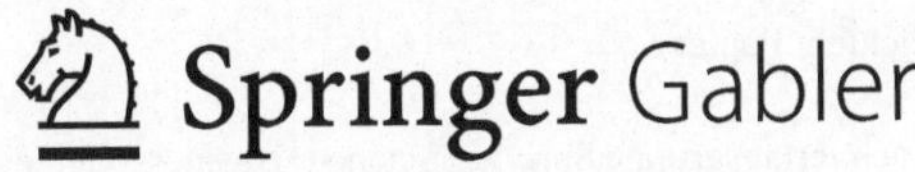
Springer Gabler

Prof. Dr. Xiaojuan Ma
Prof. Dr. Florian Becker

China Expertise
München
Deutschland

ISSN 2197-6708   ISSN 2197-6716 (electronic)
essentials
ISBN 978-3-658-09039-5   ISBN 978-3-658-09040-1 (eBook)
DOI 10.1007/978-3-658-09040-1

Die Deutsche Nationalbibliothek verzeichnet diese Publikation in der Deutschen Nationalbibliografie; detaillierte bibliografische Daten sind im Internet über http://dnb.d-nb.de abrufbar.

Springer Gabler
© Springer Fachmedien Wiesbaden 2015
Das Werk einschließlich aller seiner Teile ist urheberrechtlich geschützt. Jede Verwertung, die nicht ausdrücklich vom Urheberrechtsgesetz zugelassen ist, bedarf der vorherigen Zustimmung des Verlags. Das gilt insbesondere für Vervielfältigungen, Bearbeitungen, Übersetzungen, Mikroverfilmungen und die Einspeicherung und Verarbeitung in elektronischen Systemen.
Die Wiedergabe von Gebrauchsnamen, Handelsnamen, Warenbezeichnungen usw. in diesem Werk berechtigt auch ohne besondere Kennzeichnung nicht zu der Annahme, dass solche Namen im Sinne der Warenzeichen- und Markenschutz-Gesetzgebung als frei zu betrachten wären und daher von jedermann benutzt werden dürften.
Der Verlag, die Autoren und die Herausgeber gehen davon aus, dass die Angaben und Informationen in diesem Werk zum Zeitpunkt der Veröffentlichung vollständig und korrekt sind. Weder der Verlag noch die Autoren oder die Herausgeber übernehmen, ausdrücklich oder implizit, Gewähr für den Inhalt des Werkes, etwaige Fehler oder Äußerungen.

Gedruckt auf säurefreiem und chlorfrei gebleichtem Papier

Springer Fachmedien Wiesbaden ist Teil der Fachverlagsgruppe Springer Science+Business Media
(www.springer.com)

Was dieses Buch zeigt

Erfolgreiches Agieren in China eröffnet riesige Chancen, unbedachtes Verhalten kann gewaltige Schäden anrichten. Deshalb erfahren Leser hier, wie sie sich möglichst effektiv in der chinesischen Business-Kultur bewegen.

- Engagements in China können ihr Potenzial vervielfachen, wenn ein grundlegendes **Verständnis der kulturellen Werte von Chinesen** und der fundamentalen Unterschiede zu westlichen Kulturen besteht. Leser bekommen einen kompakten Überblick als persönliche Erfolgsbasis.
- China ist eine Beziehungskultur. Wer mit den Menschen **erfolgreich kommunizieren** kann, gewinnt. Leser erfahren, was für erfolgreiche Kommunikation in China erforderlich ist.
- Eingebettet in das Verständnis von Kultur, Werten, Kommunikation und Verhalten in China finden Leser immer **Praxistipps** für erfolgreiches Verhalten in China.
- Auf dieser Basis verstehen Leser, wie sie in China bei **klassischen Geschäftsprozessen** erfolgreich agieren: bei Kontaktaufnahme, Kooperation und Verhandlung, Verkauf, Führung und Personalarbeit oder Small Talk und Geschäftsessen.
- Leser erhalten eine **grundlegende Sensibilisierung** für Chinas Business-Kultur. Das ist die Basis, um auch in unvorbereiteten, neuen Situationen erfolgreich zu handeln.

Vorwort

Dieses Buch ist aus der beruflichen China-Praxis sowie zahlreichen internationalen Beratungsprojekten und Trainings für Unternehmen verschiedener Branchen und Größenordnungen entstanden. Als Vorwort ein paar zentrale Punkte zur Orientierung:

Wer ist die Zielgruppe?

Zielgruppe des Buches ist jeder, der in China aktiv ist bzw. mit Chinesen aktuell oder künftig geschäftlich zu tun hat. China-Neulinge gewinnen ein tiefgreifendes Verständnis, erfahrene China-Kenner erhalten neue Einblicke und lernen den kulturellen Hintergrund der von ihnen gemachten Beobachtungen kennen.

Warum dieses Buch?

Dieses Buch ist notwendig, da seine besondere **Merkmalskombination** bisher im Bücherangebot fehlt.

1. Praxiserfahrung statt reiner Theorie (jahrelange Erfahrung der Autoren im China-Business)
2. wissenschaftliche Fundierung statt Spekulation (das Autorenteam Prof. Dr. Xiaojuan Ma und Prof. Dr. Florian Becker liefern den aktuellen Stand der interkulturellen Forschung und Kommunikationspsychologie)
3. kompakte praxistaugliche Form statt umfangreicher Ausführungen (kompaktes Essentials-Format)
4. interkulturelles Autorenteam statt einseitiger Perspektive (chinesische und deutsche Herkunft der Autoren)
5. China verstehen statt reiner „dos and don'ts" oder Checklistendenken (der Text liefert neben praktischen Tipps immer auch den kulturellen Hintergrund – das Warum)

Was ist die Zielsetzung?

Leser sollen noch handlungsfähiger in der chinesischen Business-Kultur werden. Wir haben die Erfahrung gemacht, dass für den Erfolg in China ein Verständnis der speziellen Kultur und Kommunikation in China zentral ist. Wir wollen, dass der Leser nicht nur weiß, was wann zu tun oder zu unterlassen ist, sondern dass er auch versteht, warum und wie er das tun sollte.

Welches didaktische Konzept benutzt das Buch?

Das Geschäft in China entwickelt sich, die Chinesen als Interaktionspartner bleiben. In diesem Buch blicken wir deshalb von den Chinesen, ihren Werten und der Art zu kommunizieren auf klassische Geschäftsprozesse wie Kontaktaufnahme, Zusammenarbeit, Verhandlung, Vertrieb, Personalführung und weitere Situationen. Eingebettet in den kulturellen Kontext folgen jeweils umfangreiche Tipps.

Mit diesem Konzept wünschen wir Ihnen ein erfolgreiches Engagement in Chinas Business-Kultur!

Xiaojuan Ma und Florian Becker

Inhaltsverzeichnis

Die Autoren

Prof. Dr. Xiaojuan Ma ist Betriebswirtin und Expertin für China-Business. Dabei greift sie zu auf drei Studienabschlüsse (Rechtswissenschaften, Betriebswirtschaftslehre und Technologiemanagement) und ihre Promotion im Bereich Psychologie über die Führung von chinesischen Mitarbeitern. In der Praxis hilft sie als Beraterin, Trainerin und Coach seit mehr als zehn Jahren Klienten, Lösungen für Herausforderungen in China zu entwickeln. Ihre mehrjährige internationale Erfahrung in der Industrie gibt sie als Professorin auch an Studierende weiter. Sie ist Geschäftsführerin von China-Expertise.

Prof. Dr. Florian Becker ist Diplom-Psychologe und Spezialist für Wirtschaftspsychologie. Bekannt ist er als einer der gefragtesten Wirtschaftspsychologen aus zahlreichen Fernsehbeiträgen und Interviews in Radio und Zeitungen. Seit mehr als zehn Jahren berät, trainiert und unterstützt er Unternehmen bei allen Herausforderungen rund um das Erleben und Verhalten von Mitarbeitern und Kunden. An der Hochschule Rosenheim leitete er den MBA-Studiengang Management und Führungskompetenz, an der International School of Management (ISM) den Fachbereich Psychology & Management. Das Marktpsychologische Labor der Universität München (LMU) leitete er mehrere Jahre. Er ist Gründungsmitglied der Wirtschaftspsychologischen Gesellschaft.

China ist ein **zentraler Wirtschaftsfaktor** für viele Unternehmen, sei es als Absatzmarkt, Produktionsstandort oder Heimat von Zulieferern. Schon 2012 waren laut Auswärtigem Amt mehr als 5.000 deutsche Unternehmen in China aktiv und beschäftigten dort über 200.000 Mitarbeiter. Im Jahr 2013 überstiegen die deutschen Exporte nach China 65 Mrd. €, die Importe aus China 70 Mrd. €.

China wird laufend attraktiver für deutsche Unternehmen. Die chinesische Wirtschaft hat sich bisher selbst in weltwirtschaftlichen Schwächeperioden bemerkenswert robust gezeigt. Nach einer Umfrage der deutschen Handelskammer 2014 planen demnach über 40 % der Unternehmen, ihre Investitionen in China zu erhöhen; das entspricht fast dem Wert der Investitionsabsichten in allen EU-Ländern zusammen (exklusive Deutschland). Hauptgrund für Investitionen in China ist der gewaltige Absatzmarkt, der in vielen Bereichen nicht so gesättigt ist wie in anderen Ländern und zunehmend über Kaufkraft verfügt.

Natürlich gibt es massive **Herausforderungen** für westliche Unternehmen in China. Jenseits von „harten" Rahmenbedingungen muss vor allem die chinesische Kultur verstanden werden, um Chancen umfassend nutzen zu können. Tatsächlich entstehen viele Probleme durch ein mangelndes Verständnis und die unzureichende Berücksichtigung der jeweils anderen Kultur. Verschärft wird die interkulturelle Herausforderung durch die Notwendigkeit, in China wegen gesetzlicher Regelungen meist in Joint-Ventures und engen Kooperationen intensiv zusammenzuarbeiten.

Das Bild von China im Westen hat sich geändert, China selbst hat sich noch stärker geändert. Was sich aber nicht so schnell ändert, ist die **Kultur in China**

© Springer Fachmedien Wiesbaden 2015
X. Ma, F. Becker, *Business-Kultur in China*, essentials,
DOI 10.1007/978-3-658-09040-1_1

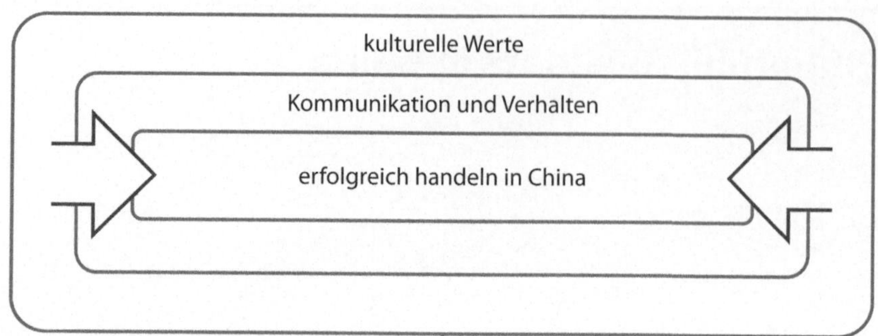

Abb. 1.1 Aufbau des Buches

– und diese ist alt und unterscheidet sich sehr von anderen. Das ist die zentrale Herausforderung im Hintergrund bei jedem China-Engagement.

Entsprechend konzentriert sich dieses **Buch** auf das erfolgreiche Handeln in der chinesischen **Business-Kultur**. Dafür sind zwei große Themenbereiche zentral, wie Abb. 1.1 zeigt.

- Themenbereich eins stellt die **fünf zentralen kulturellen Werte** in China dar. Jeder dieser Werte wirkt sich intensiv auf die Business-Kultur aus. Daher wird zu jedem der Werte besprochen, was er bedeutet für typische Geschäftsprozesse wie Kontaktaufnahme, Zusammenarbeit, Verhandlung, Vertrieb oder die Führung von Mitarbeitern.
- Themenbereich zwei konzentriert sich auf die **Kommunikation und das Verhalten von Chinesen**. Es bestehen fundamentale Unterschiede zu anderen Kulturen, ohne deren Kenntnis ein erfolgreiches Agieren in China nicht denkbar ist. Auch hier wird der Leser für typische Business-Situationen wie Kontaktaufnahme und Beziehungspflege oder auch das gemeinsame Essen mit Chinesen gewappnet.

Beide Themenbereiche sind die **Basis für das erfolgreiche geschäftliche Handeln** in China. Der Einfluss ist jeweils in konkreten Tipps für Business-Situationen dargestellt.

Es folgt der erste Themenbereich: die kulturellen Werte der Chinesen.

Kulturelle Werte der Chinesen

Versteht man die kulturellen Werte Chinas, versteht man die Chinesen. Kulturdimensionen und Werte schlagen sich direkt im Verhalten bei geschäftlichen Situationen nieder. Dieser erste große Themenbereich vermittelt daher die **fünf zentralen kulturellen Werte als Erfolgsbasis** für Kooperation, Verkauf, Einkauf, Verhandlung, Führung und vieles mehr. Eingebettet in das Verständnis der einzelnen Werte folgen praktische **Tipps für typische geschäftliche Situationen.**

Chinas Business-Kultur ist durch **fünf dominante Werte** gekennzeichnet, wie Abb. 2.1 darstellt:

- Ein zentraler chinesischer Wert ist die **Hierarchieorientierung**. Diese ist wesentlich stärker ausgeprägt als in typischen westlichen Kulturen und hat Auswirkungen auf sämtliche geschäftliche Verhaltensweisen.
- Das gilt auch für den Wert **Kollektivismus**. In vielen westlichen Ländern zählt das Individuum, in China steht die Gruppe an erster Stelle – sei es in der Familie, in der Politik oder im Geschäftsleben.
- **Orientierung am sozialen Status** ist ein sehr hoher Wert in China. Gesichtsverletzungen wiegen hier ungleich schwerer, Reaktionen sind sensibler.
- In vielen westlichen Ländern ist Anpassung und Veränderung oftmals schwierig und mit viel Widerstand behaftet. Nicht so in China. Hohe **Flexibilität** ist ein kultureller Wert – der aber für westliche Partner auch Herausforderungen bringt.
- Ein „neuer Wert" ist die **materialistische Orientierung**, die zunehmend das Geschäftsgebaren prägt.

© Springer Fachmedien Wiesbaden 2015

X. Ma, F. Becker, *Business-Kultur in China*, essentials,

DOI 10.1007/978-3-658-09040-1_2

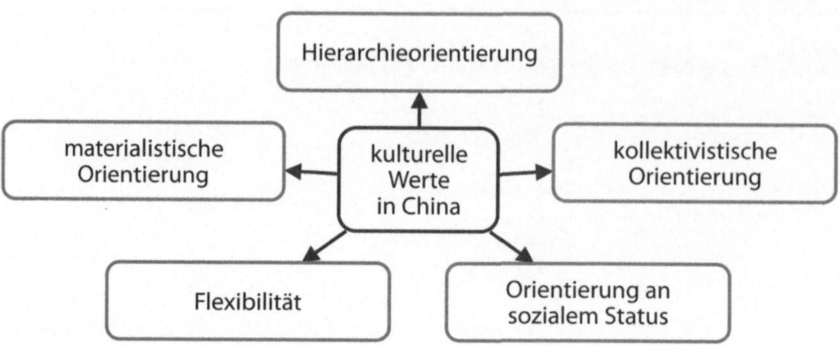

Abb. 2.1 Kulturelle Werte in China

Jedem dieser Werte ist ein eigenes Kapitel gewidmet.

Natürlich wandeln sich Werte in China. Dieser **Wertewandel** wird in den einzelnen Kapiteln dargestellt. Einzelne Chinesen sind stärker westlich geprägt, die meisten sind es eher nicht. Dazu gibt es massive Entwicklungsunterschiede zwischen modernen Großstädten und den ländlichen Regionen. Dennoch sind selbst im Ausland gut integrierte Chinesen meist stark mit ihrer Herkunftskultur verwurzelt.

Tipp für Business-Situationen

Auch wenn sich ein einzelnes Gegenüber oberflächlich westlich gibt, sind das Empfinden und die Reaktionen meist noch sehr chinesisch. Für den geschäftlichen Umgang mit einzelnen Chinesen bedeutet dies, dass man wenig falsch machen kann, wenn man die kulturellen Werte berücksichtigt aber einiges riskiert, wenn man diese Werte nicht berücksichtigt. Es empfiehlt sich also, die chinesischen kulturellen Werte zu kennen, zu verstehen und anwenden zu können und im geschäftlichen Kontakt möglichst „chinesisch" zu starten.

Der Themenbereich beginnt mit der für China typischen Hierarchieorientierung.

2.1 Hierarchieorientierung

„jūn jūn chén chén fù fù zǐ zǐ" (Das System funktioniert, wenn der Kaiser ein Kaiser ist, der Minister ein Minister, der Vater ein Vater und der Sohn ein Sohn.) – Konfuzius

Hierarchiedenken hat eine **lange Tradition** in China. Zahlreiche Studien belegen, dass Hierarchieorientierung in China im Vergleich mit anderen Kulturen (z. B. den

USA oder Deutschland) wesentlich höher ausgeprägt ist (Singh et al. 1962; Hofstede 1980; Yang 1988).

Ein Grund hierfür liegt in der einflussreichen **konfuzianischen Philosophie**. Diese betont fünf hierarchische Grundbeziehungen (Sun 1993), nämlich das Verhältnis zwischen

- Herrscher und Untergebenem,
- Eltern und Kindern,
- Ehemann und Ehefrau,
- älteren und jüngeren Bruder und
- älterem und jüngerem Freund.

Das Prinzip der klaren Hierarchie erstreckt sich seit Langem durch die ganze Gesellschaft, sei es im öffentlichen Verwaltungsbereich, in der Familie oder im Bildungsbereich (Wen 1988). Daran hat auch der **Kommunismus** nichts geändert, der eigentlich Gleichheit betont. Er **wurde angepasst** und chinesisch hierarchieorientiert interpretiert.

Was **bedeutet** Hierarchieorientierung konkret für die Gesellschaft?

Aus der **hierarchischen Einteilung** ergibt sich für jedes Mitglied der Gesellschaft ein fester Platz, eine **Rolle** mit speziellen Rechten und Pflichten. In dieser klaren Struktur gibt es **Höherrangige und Untergeordnete**, wie Abb. 2.2 zeigt. Die Höherrangigen entscheiden dabei in weiten Bereichen über das Leben der Untergeordneten. Sie haben kein Recht, die eigenen Interessen vorzuziehen oder das Leben frei zu gestalten.

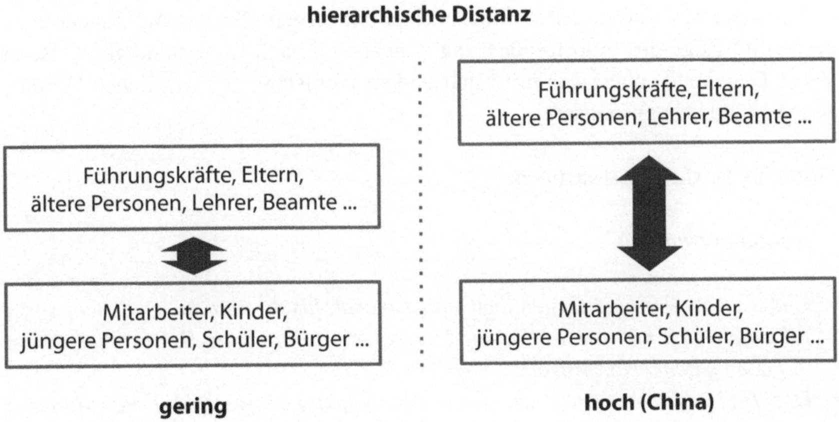

Abb. 2.2 Hohe hierarchische Distanz in China

Da es sich bei diesem Abhängigkeitsverhältnis für die Beteiligten um eine Selbstverständlichkeit handelt, kann es kaum hinterfragt oder geändert werden. Recht hat immer derjenige in der höchsten Position. Was Eltern, große Geschwister, Beamte, Führungskräfte oder Lehrer äußern, wird von den meisten akzeptiert und befolgt.

Die **Auswirkungen** der langen Tradition von Hierarchie sind im Alltag spürbar:

- Chinesische Eltern bevorzugen in der Erziehung gehorsame und emotional abhängige gegenüber selbstständigen Kindern (Wu 1995).
- Jede Einheit im Bildungsbereich (Gruppen, Klassen, Fächer) ist schon auf Schülerebene streng hierarchisch organisiert mit Gruppensprechern, Klassensprechern oder Sprechern für bestimmte Fächer.
- Kritik und Innovationen sind unerwünscht, den Höherrangigen darf auch bei offensichtlichen Fehlern nicht widersprochen werden. Drei Viertel der Schüler in chinesischen Großstädten haben Angst vor einem Gespräch mit ihrem Lehrer (Shang Guan 2004), passive Lehrmethoden dominieren, die Schüler stellen meist keine Fragen.
- Vielen Chinesen fehlt als Konsequenz der Mut, vor Menschen zu sprechen und die Fähigkeit, eine eigene Meinung vor Publikum zu vertreten.
- Chinesen akzeptieren meist den aktuellen politischen Zustand, selbst wenn es für sie Nachteile mit sich bringt. Sie empfinden sich als einfache Menschen und nicht zuständig.

Auch im Bereich der Hierarchieorientierung gibt es einen **Wertewandel**. So zeigt sich vor allem bei der jungen Generation ein schleichender Wandel von der vorherrschenden traditionellen hin zu einer modernen Einstellung. Jugendliche streben im Zuge der Industrialisierung zunehmend nach Eigenständigkeit (Bond 1991). Der Trend nähert sich mit wachsendem Wohlstand den westlichen Verhältnissen an, allerdings langsam.

Tipps für Business-Situationen

Kontaktaufnahme

- *Chinesen wollen das Gegenüber sofort hierarchisch einordnen können, sonst fühlen sie sich hilflos im Miteinander. Daher ist eine klare Hierarchieposition auf der Visitenkarte sinnvoll.*
- *Der Titel auf der Visitenkarte sollte sehr wichtig klingen, weil man dadurch mehr geschätzt wird und besser Geschäfte anbahnen oder erfolgreicher Inhalte verhandeln kann.*

- *Mit hochrangigen Delegationen kommt man eher an die entscheidenden Personen heran. Je höher der Rang der besuchenden Person ist, desto höher wird der Rang der empfangenden Personen sein.*
- *Beim Kennenlernen ist es zweckmäßig, von einer möglichst hochrangigen Person vorgestellt zu werden. Auf diese Weise erreicht man höhere Akzeptanz.*
- *Hierarchie muss respektiert werden. In Anwesenheit von ranghöheren Personen sollte man sich nicht zu sehr in den Mittelpunkt stellen und sehr zurückhaltend verhalten.*

Kooperation und Verhandlung

- *Zu Gesprächen mit chinesischen Partnern sollte man möglichst gleichrangige Repräsentanten schicken, wenn möglich auch ältere Personen. Damit zeigt man Wertschätzung und profitiert von stärkerem Entgegenkommen.*
- *Bei der Zusammenarbeit und Verhandlung mit chinesischen Partnern ist die Rangordnung entscheidend. Die obere Ebene sollte immer als erste informiert und gefragt werden, normale Mitarbeiter haben wenig Entscheidungsspielraum.*
- *Oft halten sich die eigentlichen Entscheider im Hintergrund und lassen andere verhandeln. Sie beachten aber alles genau und treffen am Ende die Entscheidung. Man sollte diese „grauen Eminenzen" stets berücksichtigen und sehr aufmerksam behandeln.*

Verkauf und Marketing

- *Auch im Verkauf drückt es Respekt aus und erzielt positivere Effekte, wenn man hochrangige (deutlich durch eine Visitenkarte mit Position) und ältere Repräsentanten einsetzt.*
- *Beim Geschäftsaufbau mit Unternehmen ist der Zugang zu höheren Führungsetagen wichtig, denn nur dort wird entschieden. Der Einsatz von Geschäftsvermittlern mit hoher Akzeptanz und Zugang bei potenziellen Kunden ist üblich, kostet allerdings Provision.*
- *Chinesische Zielgruppen reagieren auch in der Werbung wegen der Hierarchieorientierung positiv auf Personen mit hoher hierarchischer Position.*

Führung und Teamarbeit

- *Missachtung der Hierarchie ist eine Gesichtsverletzung. Bei der Mitarbeiterführung sollte man Respekt vor Erfahrung und Alter zeigen, um das Senioritäts-*

prinzip innerhalb der Gruppe zu beachten. Das bedeutet z. B. ältere Mitarbeiter zuerst fragen, zuerst reden lassen, zuerst etwas bekommen lassen.

- *In China herrscht eine paternalistische Führungskultur. Der Vorgesetzte ist wegen der Hierarchieorientierung wesentlich mächtiger als in westlichen Ländern. Allerdings geht damit auch die Erwartung einher, dass er sich „väterlich" um die Belange der Mitarbeiter sorgt. Dies erstreckt sich bis zu deren Eltern oder Kindern.*

- *Vom Vorgesetzten wird ein entsprechend hierarchiebewusstes Verhalten erwartet. Ein Führungsstil, der Mitarbeiter auf Augenhöhe behandelt, stößt auf Unverständnis und wird als Schwäche und Unfähigkeit interpretiert. Gleiches gilt für den Versuch, Mitarbeiter stark in Entscheidungen einzubeziehen.*

- *Mitarbeiter sind es gewohnt, eng in Form eines Micromanagement geführt zu werden, bei dem ein Vorgesetzter sämtliche Details entscheidet. Sie sind stark von Führungskräften abhängig und fühlen sich nur für unmittelbar gegebene Anweisungen verantwortlich. Eigeninitiative und eigene Meinung sind fremde Denkkategorien. Misserfolg berührt sie nicht sonderlich, weil schließlich der Vorgesetzte entschieden hat.*
  In China gilt daher „command and control". Es muss zumindest anfänglich wesentlich autoritärer und weniger partizipativ geführt werden als von den meisten Ausländern gewohnt und außerdem ein hohes Maß an Kontrolle ausgeübt werden. Das wird von den chinesischen Mitarbeitern nicht als Gängelung erlebt, sondern als Wertschätzung.

- *Wegen der starken Bedeutung des Vorgesetzten geht ohne ihn auch nichts voran. Urlaub oder Krankheit des Vorgesetzten haben drastische Auswirkungen auf die Handlungsfähigkeit. Es ist daher sehr wichtig, einen Stellvertreter auszubilden und in solchen Situationen einzusetzen.*

- *Nachfragen bei Vorgesetzten sind unüblich und gelten als respektlos. Mitarbeiter zeigen nicht, wenn sie etwas nicht verstanden haben, denn das unterstellt, dass der Vorgesetzte schlecht erklärt hat.*
  Um sicherzugehen, sollte man Mitarbeiter wiederholen lassen, was zu tun ist.

- *Teamentscheidungen, Vorschläge und Fehlerkorrektur sind eine Herausforderung. Chinesische Mitarbeiter denken häufig nicht mit, denn der Vorgesetzte ist für Entscheidungen zuständig. Es wird nicht widersprochen, selbst bei offensichtlichen Fehlern.*
  Als Maßnahme hat sich Folgendes bewährt: Das Team diskutiert unbeeinflusst in Abwesenheit der Führungskraft über das Thema und erstellt eine Zusammenfassung. Im zweiten Schritt setzt sich die Führungskraft mit den Mitarbeitern zusammen und diskutiert auf dieser Grundlage.

- *Teamkultur und Partizipation bei Entscheidungen sind auch in China langfristig entwickelbar. In großen Städten und bei modernen Unternehmen wird das auch bereits erfolgreich angegangen. Dabei spielen eine gesunde persönliche Beziehung und die Kommunikation klarer Erwartungen an die Mitarbeiter eine zentrale Rolle.*

Als Nächstes folgt der kulturelle Wert Kollektivismus.

2.2   Kollektivismus

„zǎo qǐ de niǎo er yǒu chóng chī, zǎo qǐ de chóng er bèi niǎo chī" (Der Vogel, der früh aufsteht, frisst den Wurm, der Wurm, der früh aufsteht, wird vom Vogel gefressen.) – chinesisches Sprichwort

Kollektivismus hat eine **lange Tradition** in China. Untersuchungen zeigen das ausgeprägte kollektivistische Denken (z. B. Wu 1991; Hofstede 2001).

Der Kollektivismus spiegelt sich in der **Politik** nicht erst seit Mao Zedongs „großem Sprung", bei dem die Familien ihre Kochtöpfe abgeben mussten, um Metall für die Industrialisierung zu gewinnen.

Das kollektivistische Denken existiert bereits wesentlich länger und findet sich auch im **Konfuzianismus**, der fordert, dass sich alle Mitglieder einer Gruppe harmonisch anpassen. Das übergeordnete Ziel der „harmonischen Gesellschaft" fördert den Kollektivismus.

Was **bedeutet** Kollektivismus konkret in einer Gesellschaft?

Kollektivismus lässt sich als **System aus Normen und Werten** definieren, das den **Interessen der Gemeinschaft** höchste Priorität einräumt. Das einzelne Individuum wird weniger betont, wie Abb. 2.3 zeigt. Es hat seine Interessen dem Gemeinwohl unterzuordnen, etwa durch den Verzicht auf Kinder, um die gesamtgesellschaftliche Demographie in die gewünschten Bahnen zu lenken. Konsequenterweise sind die Beziehungen zwischen Menschen in China auch wesentlich wichtiger, die Kontakte intensiver, die Netzwerke größer (vgl. Abb. 2.3).

Vor dem kollektivistischen Hintergrund ist **Harmonie** zum Schlagwort geworden. Von jedem Mitglied der Gesellschaft werden Rücksichtnahme auf die Gefühle und Meinungen anderer, Bescheidenheit, Höflichkeit, Respekt und in entsprechenden Situationen Gehorsam erwartet. Wer dagegen verstößt, muss mit Kritik und Ausgrenzung rechnen.

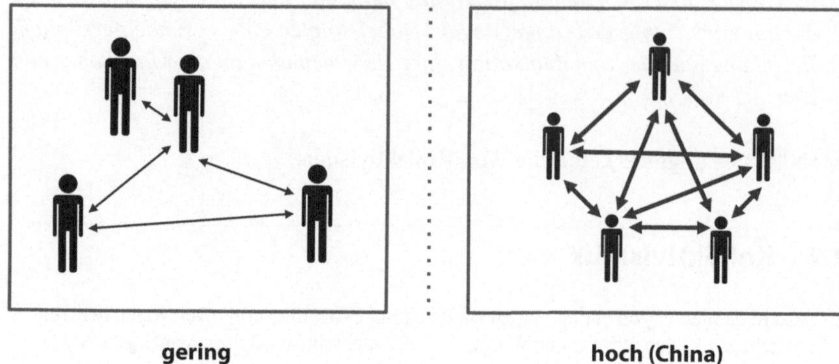

Abb. 2.3 Hohe kollektivistische Orientierung in China

Kollektivismus als Wert hat deutliche **Auswirkungen** auf den chinesischen **Alltag**:

- Kinder werden dazu erzogen, sich den Familieninteressen unterzuordnen, Anpassung ist ein zentrales Erziehungsziel.
- Alle Schüler sollen sich gleich verhalten, Disziplin steht im Vordergrund. An den meisten staatlichen Schulen beginnen Schüler mit einer Art militärischer Grundausbildung. So wird im Laufe der Schulzeit individualistisches Verhalten „korrigiert".
- Worte wie „wir" und „unsere" werden im interkulturellen Vergleich häufiger genutzt als „ich" oder „deine".
- Man heiratet eine Familie, nicht nur einen Ehepartner. Die Eltern mischen sich sehr stark in die Partnerwahl ein. Chinesen wählen daher ihre Partner nicht nur nach deren individuellen Eigenschaften, sondern auch stark anhand deren Familien aus.
- Gruppenzugehörigkeit ist in China viel wichtiger als in anderen Ländern. Personen investieren viel Zeit in ihr soziales Netzwerk, das als soziales Kapital betrachtet wird.
- Bei gesellschaftlichen Ereignissen erscheinen und verabschieden sich Chinesen gerne alle gemeinsam, um nicht als Einzelperson herauszustechen.

Kollektivismus hat in China auch klare **Grenzen**, diese sind die „**Außengruppe**" (Leung und Bond 1984; Gabrenya und Hwang 1996). Kollektivistisches Verhalten beschränkt sich meist nur auf die „**Innengruppe**".

Betonung von Innen- vs. Außengruppe

schwach

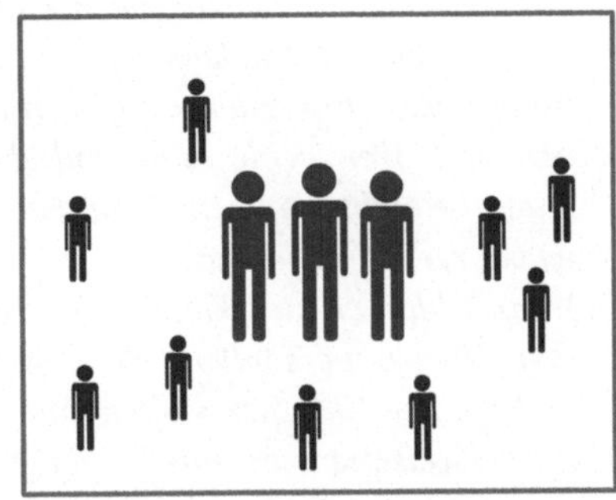

stark (China)

Abb. 2.4 Starke Betonung von Innen- vs. Außengruppe in China

Wie Abb. 2.4 zeigt, sind Personen in der Innengruppe fast so wichtig wie das Individuum selbst, Personen der Außengruppe sind dagegen unbedeutend. Zur Innengruppe verhalten sich Chinesen daher absolut loyal. Dagegen treten sie den übrigen Menschen oftmals hart gegenüber. Bilder von Menschen, die nicht in der Schlange anstehen oder andere Menschen in sklavenähnlichen Verhältnissen halten, stehen für das Verhalten gegenüber der Außengruppe.

Dabei ordnen Chinesen stets alle Personen klar zu. Wer gehört zur Innengruppe? Abgesehen von Familienmitgliedern, die immer zur inneren Gruppe gehören, entscheidet der Grad des Vertrauens, in welchem Kontext Personen dazu gezählt werden. Das Vertrauen wird durch intensive soziale Kontakte gewonnen.

Auch Kollektivismus unterliegt einem **Wertewandel**. Durch den höheren Lebensstandard, den höheren Bildungsgrad und nicht zuletzt die Ein-Kind-Politik schwinden die kollektivistischen Eigenschaften der Chinesen besonders in höheren Schichten zunehmend. Der wachsende Wohlstand macht den Einzelnen unabhängiger und fördert so den Individualismus (Hofstede 2001). Mittlerweile ist Selbstverwirklichung ein Begriff für die obersten Schichten in China (vgl. Becker und Ma 2013).

Tipps für Business-Situationen

Kontaktaufnahme

- *Ohne Beziehung kein Geschäft in China. Die deutsche Trennung von Geschäfts- und Privatleben nach dem Motto „Schnaps ist Schnaps und Dienst ist Dienst!" ist in China fehl am Platze. Gemeinsame soziale Aktivität (z. B. Abendessen,*

Shopping und Ausgehen) ist der Schlüssel, um Vertrauen zu Geschäftspartnern aufzubauen und langsam einen Platz in der Innengruppe zu gewinnen.

- *Das in vielen westlichen Kulturen gewünschte individuell selbstbewusste Auftreten und extrovertierte Zugehen auf die Partner gilt in China als wenig tugendhaft. Wer wenig redet und eher zurückhaltend ist, wird geschätzt. „Ein Hund ist nicht gut, weil er gut bellt, und ein Mann ist nicht weise, weil er gewandt redet." (Zhuangzi)*
- *Wenn Chinesen sich kollektivistisch verhalten (etwa durch Bemutterung oder den Versuch, persönliche Nähe im Gespräch herzustellen), sollte man das erwidern. Die Chinesen wollen dann vermutlich eine enge Beziehung aufbauen. Zurückweisung wäre eine Beleidigung.*

Kooperation und Verhandlung

- *China ist eine Beziehungskultur. Entscheidungen werden wesentlich weniger als in anderen Ländern anhand von Sachgründen, sondern anhand von Beziehungen getroffen. Beziehungen helfen dabei, miteinander ins Geschäft zu kommen, dort besser abzuschneiden (z. B. Konditionen und Termine) und Herausforderungen (z. B. Qualität) in diesem Bereich zu überwinden. Grundvoraussetzung für jede erfolgreiche Geschäftsbeziehung ist daher eine gute persönliche Beziehung.*
- *Der gelungene Beziehungsaufbau mit dem Verhandlungspartner ist für Chinesen eine Basis, um sich mit einer Vereinbarung sicher zu fühlen. Verhandlung und Zusammenarbeit mit Chinesen dauern daher oftmals sehr lange. Erstens reden viele mit, zweitens geht es nicht nur um die Sachen, sondern vor allem um den Beziehungsaufbau, was es sehr aufwendig macht.*
- *Chinesen wissen immer ganz genau, wohin und zu wem sie gehören, wer Innengruppe und wer Außengruppe ist. Sie werden sich zu außenstehenden Personen meist härter, egoistischer und kälter verhalten, als dies in den meisten Ländern vorstellbar ist. Damit ist auch im Geschäftsleben zu rechnen. Begriffe wie „Kaufmannsehre" sind nicht auf China übertragbar.*
- *Chinesen verhalten sich weniger als einzelne Individuen. Will man das Verhalten beeinflussen, ist es ratsam, das indirekt zu machen und jemanden über sein soziales Umfeld zu beeinflussen.*
- *Wegen des kollektivistischen Denkens sind die Teilnehmer und Einflussnehmer bei Verhandlungen in China oft zahlreich. Man hat mit Gruppen zu tun, die kollektive Interessen vertreten. Wer sich zu sehr auf einzelne Personen konzentriert, verliert den Blick für das Wesentliche.*

Verkauf und Marketing

- *Geschäfte macht man in China weniger mit Individuen und eher mit Gruppen. Jemanden gegen seine Innengruppe für etwas zu gewinnen, ist extrem schwer. Um mit Chinesen zu argumentieren, sollte man stark kollektivistische Argumente benutzen, denn individualistische Argumente sind wenig akzeptiert.*
- *Chinesen haben eine außengesteuerte Haltung (Ma 2007); Verhalten, Vorlieben und Orientierungen sind stark von sozialer Akzeptanz geprägt.*
- *In westlichen Ländern kaufen Konsumenten oft, um anders zu sein, in China mehr um dazuzugehören. Kunden reagieren auf Gruppendruck stärker, was sich im Marketing nutzen lässt.*

Führung und Teamarbeit

- *Man hat als Führungskraft nicht nur mit einem Mitarbeiter als Individuum zu tun, sondern mit seiner gesamten Familie. Anreize wie ein Zuschuss für die Krankversicherung der Familienmitglieder, Bildung für das Kind oder Ausflüge der Familien mit der Abteilung sind sinnvoll.*
- *Wichtig für die Auswahl von Führungskräften und Mitarbeitern: Soziale Kompetenz spielt gegenüber rein fachlichen Kompetenzen in China wegen der kollektivistischen Gesellschaft eine noch zentralere Rolle für den Erfolg als in anderen Ländern.*
- *Wegen des harten Gefälles zwischen Innengruppe und Außengruppe ist China trotz der kollektivistischen Orientierung dennoch weniger für Teamarbeit geeignet als andere Länder. Das ist auch an den meist schlechten Leistungen im Mannschaftssport zu beobachten. Kooperation und Zusammenhalt innerhalb von schnell und künstlich geformten Teams sind schwer zu erreichen. Teamformende Maßnahmen sind daher sehr wichtig – etwa gemeinsames Ausgehen, Abteilungsfeiern oder Ausflüge. Wird ein Team nicht zur wirklichen Innengruppe, dann wird Kooperation nur geheuchelt und bei individuellen Vorteilen egoistisch gehandelt.*

Als nächster Wert folgt die Orientierung an sozialem Status.

2.3   Orientierung an sozialem Status

„rén huó liǎn, shù huó pí" (Menschen leben wegen ihrem Gesicht, Bäume leben wegen ihrer Rinde.) – chinesisches Sprichwort

Orientierung an sozialem Status ist in der chinesischen Kultur **stark verwurzelt**. **Konfuzius** betrachtete Bildung als wichtigstes Kriterium zur sozialen Differenzierung: *„Alle Dinge in der Welt gehören auch den niederen Schichten, allein die Bildung gehört der Oberschicht."*

Diese Auffassung entsprach lange den Fakten: Die chinesische Gesellschaft war 1.300 Jahre lang beeinflusst durch das traditionellen Keju-System, das als Serie von Prüfungen bis 1905 den Aufstieg im Beamtensystem regelte. Eine höhere berufliche Hierarchiestufe bedeutete für die ganze Familie höheren Status und unmittelbar Zugewinn von finanziellen Mitteln, sozialen Kontakten und Heiratsoptionen. Das Endziel jeder Ausbildung war ein höherer Titel und damit mehr Status – mit allen damit verbundenen Vorteilen.

Die Orientierung an sozialem Status hat auch heute eine große **Bedeutung**, die Wege, diesen zu erreichen, haben sich geändert.

Status ist wegen des **Kollektivismus** in der chinesischen Gesellschaft noch wichtiger als in anderen Kulturen. Eine Gruppe (etwa eine Familie) wird von außen sehr geschlossen als Einheit wahrgenommen (Hwang 1995). Das Individuum weiß, dass sich sein Verhalten auf die gesamte Gruppe auswirken wird.

Status äußert sich im Zugewinn von *miànzi* (Gesicht) als Maß für die soziale Bedeutung. *Miànzi* entscheidet darüber, ob eine Person und deren Familie respektiert werden (Hwang 2004). **Gesichtswahrung** ist daher eine der wichtigsten chinesischen Kulturnormen und spielt eine zentrale Rolle für die erfolgreiche Kommunikation und Zusammenarbeit mit Chinesen. Dabei wird Gesicht vor allem gewonnen über soziale Beziehungen, formelle Positionen, Bildung, Reichtum und Tugend. Man bewahrt bzw. verliert das Gesicht nur innerhalb eines Kreises wichtiger Bezugspersonen, dem *guānxi*. Außerhalb dieses Personenkreises muss man nicht unbedingt das Gesicht bewahren bzw. schenken. Wie Abb. 2.5 verdeutlicht, versuchen Chinesen daher in einer Art Austauschbeziehung *miànzi* zu gewinnen und zu schenken und ein Geflecht an belastbaren sozialen Beziehungen (*guānxi*) zu bilden, auf das sie für ihre Ziele zurückgreifen können.

Die Orientierung an sozialem Status hat **Auswirkungen** im Alltag:

- Gewinner und Verlierer sind wichtige Denkkategorien. Es zählt nur die relative Leistung im Vergleich zu anderen. Das Prinzip *„Die Überlegenen gewinnen, die Schwachen scheiden aus."* zählt schon im Kindergarten. Bei chinesischen Eltern und in Schulen herrscht Fixierung auf Ergebnisse und Vergleich (Shang Guan 2004). So ist es oft noch üblich, dass die besten Schüler als Anerkennung rote Fähnchen bekommen, während die Schwächsten mit schwarzen markiert werden. Die Eltern werden dazu eingeladen, die Noten-Ranglisten in der Klasse anzusehen.

Orientierung an sozialem Status

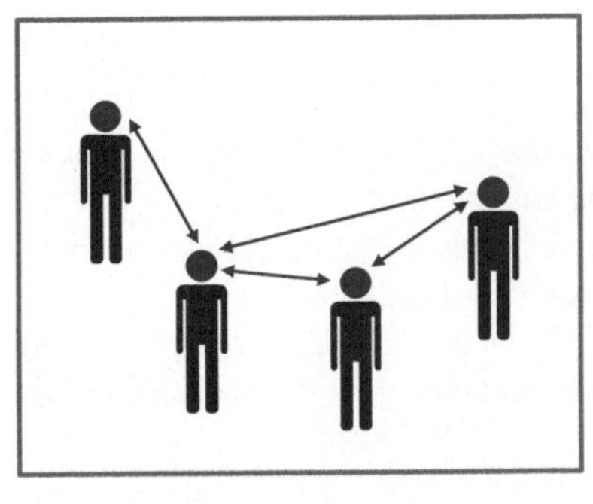
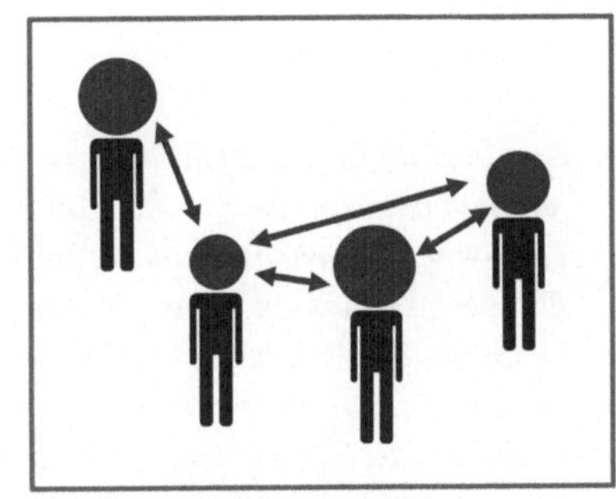

Abb. 2.5 Hohe Orientierung an sozialem Status in China

- Beziehungen und Status sind das soziale Kapital für Chinesen: *„Schenkst du mir Gesicht, schenk ich dir Gesicht."* lautet ein verbreitetes Sprichwort.
- Gefälligkeiten müssen erwidert werden und erfolgen nicht aus reiner Sympathie. Bei sozialen Beziehungen handeln Chinesen sehr langfristig orientiert, überlegt und zielgerichtet. Wenn eine Familie beispielsweise plant, ihr Kind im Ausland studieren zu lassen, beginnt sie frühzeitig und zielgerichtet zu dafür relevanten Personen gute Beziehungen aufzubauen. Auch häufige Umzüge sind normal, um ein gutes soziales Umfeld für die Kinder zu erhalten.
- Chinesen verhalten sich in Situationen, bei denen sie sich von relevanten Personen bewertet fühlen, für westliche Augen überzogen höflich, gastfreundlich, und zurückhaltend, um einen guten Eindruck zu hinterlassen.
- Überreicht oder empfängt man etwas (etwa eine Visitenkarte), sollte das immer mit beiden Händen geschehen, sonst ist es schnell eine Gesichtsverletzung.
- Hochzeiten und Beerdigungen werden pompös gestaltet, um soziales Gesicht zu zeigen.
- Es gibt einen Hang zu Machtarchitektur. Unnötige und übertriebene Bauprojekte sollen bei staatlichen Organisationen und Unternehmen Erfolg nach außen symbolisieren.

Auch in diesem Bereich findet ein **Wertewandel** statt. Moralische Aspekte des *miànzi* wie Bildung und Tugend geraten in den Hintergrund. Man konzentriert sich stärker auf Hierarchiepositionen und Reichtum.

Tipps für Business-Situationen

Kontaktaufnahme

- *Das soziale Gesicht (miànzi) ist ein Tabu im Gespräch. Man sollte niemals jemanden darauf ansprechen, ob er wegen miànzi etwas macht.*
- *Titel von Gesprächspartnern sollten immer genannt werden. Einen Depute-Director, sollte man unbedingt als „Director" ansprechen.*
- *Öffentliche Geschenke und Einladungen spielen eine große Rolle in China, da sie zeigen: „andere respektieren mich". Sie sind eine gute Möglichkeit, in eine positive Geschäftsbeziehung zu starten.*
- *Einladungen anzunehmen zeigt Wertschätzung und den Wunsch nach einer Beziehung. Wenn man eine Beziehung möchte, sollte man annehmen – aber wissen, dass man sich erkenntlich zeigen muss.*
- *Nicht selten findet wegen der Statusorientierung in China bei Unternehmen eine vollkommen überzogene Selbstdarstellung statt; etwa im Internet und bei persönlichen Kontakten auf Messen. Hier kann eine Besichtigung des Partners vor Ort ein realistisches Bild liefern.*

Kooperation und Verhandlung

- *Gesichtsverlust entsteht in China schnell. Chinesen fühlen sich missachtet oder übergangen, etwa dann, wenn ihr Alter nicht als Statusunterschied berücksichtigt wurde.*
- *Probleme oder Konflikte dürfen nicht offen angesprochen werden, höchstens unter vier Augen. Die chinesischen Partner werden Probleme meist sehr dezent und indirekt unter vier Augen ansprechen. Hier ist ein genaues Hinhören wichtig, denn die Herausforderungen können durchaus sehr ernst sein, werden aber höflich angesprochen, um das Gesicht der Partner nicht zu verletzen.*
- *Gefälligkeiten, Geschenke und Einladungen nicht anzunehmen ist unhöflich, anzunehmen weckt aber die Erwartung, dass man sich erkenntlich zeigt. Möchte man ablehnen, sollte man das sehr vorsichtig und indirekt tun, etwa: „Das ist sehr nett von Ihnen, vielen Dank. Leider bin ich schon von jemandem anderen an diesem Termin eingeladen.... Ich melde mich bei Ihnen, wenn ich wieder in der Gegend bin."*

Verkauf und Marketing

- *Chinesen zeigen gerne finanziellen Reichtum nach außen, um soziale Anerkennung zu erhöhen. Luxusmarken haben deshalb gute Marktbedingungen in China. Oft gilt: Je teuer, desto leichter verkäuflich.*

- *Wegen der besonderen Rolle von Geschenken ist es oft sinnvoll, Angebote auch als Geschenk auf dem Markt zu positionieren und entsprechende Verpackungen und Produktvarianten anzubieten.*

Führung und Teamarbeit

- *Wenn Chinesen sagen „alles ist gut", sollte man sich nicht darauf verlassen. Mitarbeiter sprechen nicht über Fehler und Probleme und zeigen nicht, wenn Inhalte nicht verstanden wurden, um das eigene Gesicht und das des Gesprächspartners zu schützen.*
- *Titel zählen mehr als Substanz. Es ist damit zu rechnen, dass ungeeignete Personen an entscheidenden Positionen sind, weil sie einen bestimmten Bildungsabschluss oder gute Beziehungen haben.*
- *Der Aufstiegswillen am Arbeitsplatz ist stark ausgeprägt (Ma 2007), um Status zu gewinnen. Chinesen sind bereit, massive Unannehmlichkeiten in Kauf zu nehmen, wenn das der Entwicklung ihrer Karriere dient. Langjährige Trennung von der Familie, hohe Arbeitsbelastung und kaum Zeit für das Privatleben sind normal.*
- *Die hohe Bildungsorientierung kann im Personalbereich angesprochen werden mit Weiterbildungsangeboten. Diese können als Argument im Personalmarketing, Anreiz und Instrument zur Mitarbeiterbindung wirken. Dabei ist auch daran zu denken, die Bildung der Kinder von Mitarbeitern zu unterstützen.*

Das nächste Kapitel behandelt Flexibilität als kulturellen Wert.

2.4 Flexibilität

„shǎng shàn ruò shuǐ" (Wie Wasser zu sein, ist die größte Tugend.) – Laozi

Flexibilität hat eine **lange Tradition** in China und ist eine Grundvoraussetzung für das Überleben in der Gesellschaft.

Vor der Gründung der Volksrepublik gab es in den 5.000 Jahren chinesischer Geschichte insgesamt über 3.500 **Bürgerkriege**. Dies zog zahllose Herrschafts- und Systemwechsel nach sich. Rebellionen unzufriedener Untertanen wurden brutal unterdrückt und endeten für die Anführer und deren Familien meist tödlich. Diese Abschreckung und der größtenteils mangelnde Erfolg der Aufstände führten zu einem gewissen anpassungsfähigen Fatalismus, der in der Bevölkerung heute noch vorherrscht.

Aufgrund der Philosophie des **Daoismus** sind Chinesen zudem überzeugt davon, dass Unglück stets von Glück begleitet wird und sich so mancher Verlust als Gewinn entpuppen kann. Daher passen sich Chinesen den häufig widrigen und unberechenbaren Umständen an, statt dagegen vorzugehen.

Welche **Bedeutung** hat Flexibilität als kultureller Wert für die Gesellschaft?

Flexibilität äußert sich in China in Form von drei Eigenschaften: Anpassungsfähigkeit, Pragmatismus und Gelassenheit.

In China müssen sich die Menschen schon wegen des starken Kollektivismus an die Familie und Gesellschaft anpassen. **Anpassungsfähigkeit** an die soziale Umwelt wird hoch geschätzt und erwartet.

Chinesen haben zudem eine ausgeprägte **pragmatische Orientierung**. Das bezieht sich auf eingeschlagene Wege, Menschen und Dinge. Eine Lösung muss nicht perfekt sein, Hauptsache sie funktioniert im Moment. Deng Xiaoping sagte passend: *„Egal ob eine Katze schwarz oder weiß ist, wenn sie Mäuse fangen kann, ist es eine gute Katze."*

Auch reagieren Chinesen auf unbekannte und unsichere Situationen mit großer **Gelassenheit**, Geduld und Optimismus. Sie können spontan eine unangenehme Veränderung annehmen und akzeptieren.

Die flexible Orientierung hat starke **Auswirkungen im Alltag**:

- Chinesen glauben an die Relativität von richtig und falsch. Gesetze und Vorschriften werden flexibel interpretiert. Kommt ein neues Gesetz, ändert das oft wenig, da man sich kreativ arrangiert.
- Die Chinesen haben ein wunderbares Wort: *„chà bù duō"* (ungefähr). Ungefähr ist in China alles: Zeit, Raum oder die Qualität der Arbeit. Man trifft sich um 18 Uhr, ungefähr. Ein Bild hängt gerade an der Wand, ungefähr. Die Arbeit ist wie besprochen erledigt, ungefähr.
- Bei Naturkatastrophen, Umweltverschmutzung oder Missständen in der Politik passt man sich an. Einschneidende politische Maßnehmen wie Infrastrukturprojekte oder die Ein-Kind-Politik lassen sich mit erstaunlich wenig Widerstand umsetzen.

Viele westliche Unternehmen würden sich hier einen **Wertewandel** wünschen. Zwar ist es erfreulich, dass Chinesen flexibel auf Wünsche und Anforderungen reagieren. Weniger erfreulich aus westlicher Sicht sind aber die Unberechenbarkeit bei Verträgen und Abmachungen, das flexible Interpretieren von Regeln und Vorschriften und das pragmatische Kopieren von Lösungen. Chinesische wie westliche Firmen in China versuchen, die Arbeitsprozesse zu standardisieren und Regelbewusstsein zu schärfen. Aber die in Jahrhunderten eingebrannten Gewohnheiten und Werte lassen sich nicht so schnell ändern.

Tipps für Business-Situationen

Kontaktaufnahme

- *Chinesische Geschäftspartner interpretieren Kontakttermine sehr flexibel. Kurzfristige Absagen, Änderungen von Personen, Verspätungen, Terminüberziehungen oder Veränderungen der geplanten Gesprächsinhalte sind üblich und sollten nicht westlich interpretiert werden.*
- *Das macht für Partner auch sehr kurzfristige Termine und Treffen möglich, da Chinesen flexibel andere Dinge beiseite legen, wenn ihnen etwas wichtig erscheint.*

Kooperation und Verhandlung

- *Chinesische Unternehmen übernehmen und kopieren gerne komplette Lösungen und Ansätze. Dieses Verhalten wird im Westen als Diebstahl geistigen Eigentums betrachtet, in China lediglich als eine pragmatische Vorgehensweise.*
- *Spontane und wechselhafte Entscheidungen von Geschäftspartnern sind typisch, Planung ist sehr schwer möglich. Das erschwert die Zusammenarbeit. Auf der anderen Seite kann man in China bei negativen Ereignissen mit Gelassenheit und Geduld rechnen.*
- *Unternehmen, die auf dem chinesischen Markt aktiv sind, dürfen nichts als sicher betrachten. Verträge, Termine, Fristen und Standards werden flexibel interpretiert.*
- *An wichtige Punkte müssen Partner wiederholt erinnert werden, auch wenn sie vertraglich fixiert sind. Firmen sollten sich darauf vorbereiten.*
- *Auch im Verhandlungsstil setzen Chinesen ein breites und flexibles Sortiment an Taktiken ein, um pragmatisch ihr Ziel zu erreichen. Schauspielerisches Talent mit starkem, oft schnell wechselndem Emotionsausdruck (Enttäuschung, Ärger, Freundlichkeit etc.) gehört ebenso dazu wie der Versuch Zeitdruck aufzubauen. Der Zweck heiligt dabei aus Sicht der Chinesen die Mittel. Hier empfiehlt es sich, freundlich und gelassen zu bleiben und sich nicht verunsichern zu lassen.*
- *Wegen der Flexibilität ist es auch üblich, bereits geschlossene Verträge wieder zu ändern und nachverhandeln zu wollen. Oft wird der Vertrag nur angenommen, um einen Auftrag zu bekommen, mit der festen Absicht, ihn später nochmals zu verändern. Man sollte sich darauf vorbereiten.*
- *Einfache Verlängerungen bestehender Verträge sind nicht üblich. Es gilt sich auf diese Verhandlungen rechtzeitig vorzubereiten und man kann das auch selbst ohne Bedenken so einfordern.*
- *Flexibilität der chinesischen Partner bedeutet aber nicht nur Nachteile. Sie sind offen für kreative und ungewöhnliche Ideen und Vorschläge, um Kompromisse*

zu finden. Stur auf seinem Recht zu beharren, schädigt dagegen nur die Beziehung.

Verkauf und Marketing

- *China ist in vielen Bereichen unberechenbar. Beim Markteintritt in China muss mit flexiblen Vorschriften und spontanen Entscheidungen von Behörden und Partnern gerechnet werden. Eigene Flexibilität in der Planung und die Möglichkeit umzudenken sind daher Erfolgsfaktoren.*
- *Wirksamkeit ist das zentrale Argument in China (Pragmatismus). Das gilt auch für den Umgang mit Kunden. Andere Werte wie Ethik, Ökologie, Gesundheit, Gesetzeskonformität etc. sind bestenfalls zweitrangig.*
- *Hohe Ansprüche an Qualität und Nachhaltigkeit bestehen bei Produkten nicht. Produkte mit für westliche Augen haarsträubenden Qualitätsmängeln verkaufen sich bestens, weil sie günstig sind. Eine Lösung, die für den Augenblick funktioniert, ist gut, Nachhaltigkeit interessiert wenig. Hochwertige Produkte werden gekauft – aber nicht wegen ihrer Qualität, sondern wegen des Markenimages, um soziales Prestige zu gewinnen.*

Führung und Teamarbeit

- *Chinesische Mitarbeiter sind sehr veränderungsbereit. Um einem neuen Arbeitsgesetz gegenzusteuern, kündigte der Konzern Huawei beispielsweise viele seiner Mitarbeiter und stellte sie anschließend gleich wieder ein. Die Mitarbeiter machten mit. Konzerne lassen auch deswegen in China fertigen, weil die dortigen Auftragshersteller mit hoher Akzeptanz in kürzester Zeit auf Änderungswünsche reagieren. Das unterstützen auch die normalen Arbeiter und arbeiten notfalls auch das Wochenende durch.*
- *Gelassenheit von chinesischen Mitarbeitern in kritischen Situationen ist typisch. Fälschlicherweise wird dieses Phänomen oft als Interesselosigkeit und Verantwortungslosigkeit interpretiert.*
- *Flexibilität hat aber auch ihre Schattenseiten. Chinesische Mitarbeiter gehen oft unsystematisch zu viele Aufgaben gleichzeitig an und haben Termine nicht im Griff. Auch Qualitätsstandards, Regeln und Vorschriften werden flexibel ausgelegt.*
- *Es findet wenig Planung statt. Das pragmatische Herangehen an Aufgaben führt zu kurzfristigen Lösungen, die mittelfristig Probleme verursachen können.*
- *Trotz aller Unterschiede: Man kann mit Chinesen reden. Die Wichtigkeit von Formalisierung und Standardisierung der Arbeitsprozesse kann durch konsequente Betonung vermittelt werden. Auch Sensibilität für Sorgfalt und Termine*

kann bei besonderer Begründung und Sensibilisierung für die Relevanz durchaus verbessert werden.

Es folgt ein Kapitel zur wachsenden materialistischen Orientierung der Chinesen.

2.5 Materialistische Orientierung

„yǒu qián néng shǐ guǐ tuī mò" (Geld bewegt den Teufel dazu Mühlsteine zu heben.) – chinesisches Sprichwort

Die materialistische Orientierung hat sich in den letzten zwanzig Jahren zu einem zentralen Wert in China **entwickelt**. Im Vergleich zu den anderen geschilderten Werten ist materialistische Orientierung in dieser Stärke relativ neu aber einflussreich.

Im kommunistischen China gab es ursprünglich keine Akzeptanz für eine materialistische Orientierung. Alle Leute sollten gleich verdienen, egal ob als Staatsanwältin oder Putzfrau. Bevor Deng Xiaoping die Tür für Reformen öffnete und damit für die Möglichkeit reich zu werden, war materialistische Orientierung unter Chinesen verpönt. Mit dem wirtschaftlichen Aufschwung ist materialistische Orientierung in der Gesellschaft aber zur Selbstverständlichkeit geworden. Materialistische Orientierung ist nicht nur akzeptiert, sie wird von den meisten sogar begrüßt. Das betrifft insbesondere die jüngeren Generationen.

Was **bedeutet** materialistische Orientierung für die chinesische Gesellschaft?

Mittlerweile gibt es in China ca. 350 Vermögensmilliardäre (in US-Dollar). Es besteht eine massive Diskrepanz zwischen Arm und Reich in China. Der sogenannte Gini-Koeffizient misst die Streuung zwischen Arm und Reich und gilt bei über 0,5 als bedenklich für den sozialen Frieden. In China hat er im Jahr 2013 einen Wert von 0,61 erreicht.

Das Motto „*Kämpfen, um reich zu werden!*" ist zum Lebensziel für viele Chinesen geworden. Das hat mehrere Gründe:

Zum einen gewährleistet materielle **Sicherheit** ein Auskommen bis ins hohe Alter. Bei einem fehlenden tragfähigen Sozialversicherungssystem ist jeder gezwungen, für Notfälle und Rente vorzusorgen. Dazu gehört, dass Chinesen für mögliche Behandlungskosten bei Krankheiten Geld ansparen müssen (Arora 2005). Auch die Ein-Kind-Politik spielt hier eine wichtige Rolle. Das traditionelle Prinzip „*Altersversorgung durch zahlreichen Nachwuchs*" ist ausgehebelt, wenn ein Kind zwei Eltern und vier Großeltern versorgen muss. Daher ist es nicht verwunderlich, wenn die materielle Sicherheit eine zunehmende Bedeutung bekommt, wie auch diverse Untersuchungen nachweisen (Nevis 1983a, b).

Zudem ist China eine **Konsumgesellschaft** geworden. Chinesen sind mittlerweile weltweit die Nummer-eins-Konsumenten für Luxusprodukte. Das Marktforschungsinstitut IPSOS hat im Jahr 2013 festgestellt: Über 70 % der Chinesen betrachten ihren materiellen Besitz als Maßstab für persönlichen Erfolg. Auch damit sind sie im internationalen Vergleich Spitze. In Deutschland beispielsweise teilen weniger als 30 % der Befragten diese Einstellung.

Materialistische Orientierung hat deutliche **Auswirkungen** auf den chinesischen Alltag.

- Geldgeschenke innerhalb der Familie und Freunde sind normal und sozialisieren die Kinder früh, auf Geld zu achten und dieses zu schätzen.
- Besitz von materialem Reichtum bedeutet in der chinesischen Gesellschaft hohes Ansehen und kommt dem in China hohen Bedürfnis nach sozialem Status entgegen. Moralische traditionelle Prinzipien treten in den Hintergrund, Hauptsache man ist reich.
- Ausgaben sind traditionell sehr an der Zukunft orientiert. In erster Linie wird investiert, etwa in Wohnungen, erst später folgen Ausgaben für Konsumgüter wie Autos. Selten werden Kredite aufgenommen, meist wird innerhalb der Familie gespart und reinvestiert.
- Chinesinnen werden mitunter aus hedonistischen Gründen inoffizielle Zweit- und Drittfrauen von wohlhabenden Männern. *„Lieber im BWM weinen als auf dem Fahrrad lachen!"* ist ein gängiger Spruch unter jungen Chinesinnen in Bezug auf Männer.

Auch die materialistische Orientierung in China unterliegt einem **Wandel**. Einerseits nimmt sie weiter zu. Erst wenn belastbare soziale Sicherungssysteme für Alter und Krankheit sowie gute kostenfreie Bildung, Wohnung und Freizeitmöglichkeiten entstehen sollten, wird man mit einer Abschwächung rechnen können. Andererseits zeichnet sich bei jungen Menschen eine Änderung ab: Sie sind finanziell weniger langfristig orientiert. Hedonismus und kurzfristiges Konsumdenken kommen mit westlichem Lebensstil und stellen die traditionelle langfristige finanzielle Orientierung in Frage.

Tipps für Business-Situationen

Kontaktaufnahme

- *Das Zeigen von finanziellem Erfolg ist eine wichtige Voraussetzung, um erfolgreich Geschäfte zu machen.*
- *Teure Geschenke haben in China eine große traditionelle Bedeutung, um positive Beziehungen einzugehen.*

Kooperation und Verhandlung

- China ist eine „Händlerkultur", es wird grundsätzlich lange und hart verhandelt. Preisnachlässe von 30 % oder mehr sind daher normal. Auch bei eigenen Angeboten sollte man zu Beginn wesentlich höhere Preisaufschläge als in anderen Kulturen verwenden, von denen man sich dann herunterhandeln lässt. Es gibt Fälle in denen Geschäfte scheiterten, weil ausländische Unternehmen gleich sehr nahe am Preisziel in die Verhandlung eingestiegen sind und nicht mit sich verhandeln ließen.
- Die Business-Ethik in China folgt anderen Prinzipien, der materielle Gewinn zählt mitunter alleine. Konsequenzen für andere Menschen werden insgesamt weniger berücksichtigt, denn sie sind die „Außengruppe". Gegenüber chinesischen Waren ist bei der Zusammenarbeit mit chinesischen Anbietern daher eine grundsätzliche Vorsicht geboten. Betrug und Fälschung bei Lebensmitteln, Medikamenten, Baustoffen, zentralen Maschinenteilen, Babynahrung etc. kommen vor, um finanzielle Vorteile zu erreichen – wenn auch nicht in dem Ausmaß wie von westlichen Medien oft dargestellt.
- Zwar hat die aktuelle Regierung massive Maßnahmen gegen Korruption gestartet: Korruption und Ausnutzen von Stellungen für persönliche materielle Vorteile sind aber noch verbreitet, selbst Beamtenpositionen werden „verkauft". Wenn ein Verhandlungspartner auf gute Argumente und Vorteile aus Sicht seiner Organisation nicht reagiert, sollten persönliche Motive in Betracht gezogen werden.

Verkauf und Marketing

- China hat eine hohe Einwohnerzahl, die zunehmend vermögend ist. Konsum und Einkauf sind mittlerweile die wichtigsten Freizeitaktivitäten der Chinesen.
- Es gibt eine Gruppe sehr wohlhabender Konsumenten. Die Kombination von Wohlstand und Orientierung an sozialem Prestige führen bei diesen oft zu extremer Verschwendung und unkritischem Konsum. Der Begriff „tǔ háo" steht für Superreiche, die keinen Geschmack und sehr schlechtes Benehmen haben.

Führung und Teamarbeit

- Mitarbeitern in China sollte ein konkurrenzfähiges Gehalt angeboten werden, denn sie wechseln häufig schon wegen geringer Gehaltsunterschiede. Die Fluktuationsrate bei Unternehmen in China liegt auch bei hochqualifizierten Angestellten bei 15–20 % (Becker und Ma 2013).

- *Entsprechend ist bei Bewerbern darauf zu achten, dass sie keine materialistischen „Job-Hopper" sind, die regelmäßig Arbeitgeber wechseln, um das Gehalt aufzubessern. Dieser in China nicht seltene Typ Mitarbeiter ist wenig loyal und wechselt, sobald irgendwo mehr Gehalt geboten wird (Ma 2007).*
- *Für wichtige Funktionen ist wegen der hohen Fluktuation eine gewisse Redundanz im Personalbestand hilfreich, so wird die Abhängigkeit von einzelnen Personen reduziert.*
- *Vorsicht: Gehaltsunterschiede sind eine sozial akzeptierte Begründung für Kündigungen und werden oft von Mitarbeitern vorgeschoben, um die „wahren" Gründe zu verdecken.*

Mit der materialistischen Orientierung ist der erste Themenbereich des Buches abgeschlossen. Es folgt der zweite Themenbereich: Kommunikation und Verhalten in China.

Kommunikation und Verhalten in China 3

In China gibt es über 50 Minderheiten und noch mehr Dialekte. Amtssprache ist Hochchinesisch, auch Mandarin genannt, das von den meisten Chinesen beherrscht wird. Fremdsprachenkenntnisse hingegen sind kaum vorhanden – und wenn, dann oft rudimentär. Nur die jüngere Generation in den fortschrittlichen Ballungszentren spricht zunehmend besseres Englisch. Kommunikation läuft also in der Regel über Mandarin, übersetzende Begleitpersonen oder schlechtes Englisch.

Selbst wenn Übersetzer eingesetzt werden, wird man als Partner genau beobachtet. Körpersprache, Tonlage, Kleidung und Mimik hinterlassen eine deutliche Wirkung. Auch wie und wann etwas ausgedrückt wird und Reaktionen auf das Verhalten der chinesischen Partner sind essenziell, um erfolgreich Geschäfte zu machen. Diese Herausforderung behandelt der folgende Themenbereich.

Tipps für Kommunikation in China

- *China ist eine Kultur der Beziehungen, dafür ist erfolgreiche Kommunikation unerlässlich.*
- *Auch wenn man nicht direkt mit den Ansprechpartnern sprechen kann, kommuniziert man deutlich über Verhalten, Stimmlage, übersetzte Inhalte etc.*
- *Für westliche Ohren sprechen Chinesen oftmals überraschend laut und abwechslungsreich in der Tonlage, vor allem untereinander – vergleichbar südlichen europäischen Kulturen. Das ist normal und sollte nicht irritieren.*
- *Da jüngere Bewerber häufig Englisch sprechen und sich gut vermarkten können, werden diese gerne von westlichen Unternehmen eingestellt. Nicht selten werden dabei leider fachliche Kompetenzen und Erfahrung vernachlässigt.*

© Springer Fachmedien Wiesbaden 2015
X. Ma, F. Becker, *Business-Kultur in China*, essentials,
DOI 10.1007/978-3-658-09040-1_3

Diese sind bei älteren Mitarbeitern, die sich nicht so gut verkaufen können, in der Regel stärker ausgeprägt.

Die im vorangehenden Themenbereich behandelten **kulturellen Werte** beeinflussen die Kommunikation und das Verhalten in China stark. Kommunikation in China ist geprägt durch:

- Hierarchiebewusstsein und Respekt (Hierarchieorientierung),
- Rücksicht auf die Gruppe und Harmoniestreben (Kollektivismus),
- Schützen und Steigern des sozialen Gesichts von anderen und sich selbst (sozialer Status),
- Veränderung der Verhaltensweisen, Standpunkte und schwammige Aussagen (Flexibilität) sowie
- Einladungen und Geschenke (Materialismus).

In diesen Bereichen sind **Herausforderungen durch Unterschiede** zu anderen Kulturen vorprogrammiert:

- Hierarchiedenken und Statusbewusstsein treffen auf egalitäre Kommunikation ohne große Betonung von Unterschieden und mit wenig Respekt vor Hierarchie,
- Harmoniestreben begegnet der Betonung von Individualität und eigener Meinung,
- Beziehungsorientierung trifft auf Sachorientierung,
- flexible und schwammige Aussagen treffen auf klare Standpunkte und
- indirekte Kommunikation steht einer direkten (mitunter sogar offensiven) Kommunikation auch negativer Inhalte gegenüber.

Eine direkte Kommunikation würde die kollektivistische Harmonie und Beziehungen stören, das Gesicht des Gegenübers verletzen und Hierarchie in Frage stellen. Die chinesische Sprache ist daher eine **High-Context-Sprache** (Hall und Hall 1990). Das bedeutet, dass der Kontext (das Umfeld) sehr stark berücksichtigt wird, um eine Botschaft zu gestalten. Allein auf Basis der verbal ausgedrückten Nachricht ist die Botschaft meist nicht richtig zu entschlüsseln. Chinesen orientieren sich an dem Prinzip, nur zu 30 % über Sprache zu kommunizieren. Der große Rest muss aus dem Kontext erschlossen werden, also durch die Einschätzung von Situation, Körpersprache etc. Man muss „zwischen den Zeilen" lesen können. Dieses Verhalten ist umso ausgeprägter, je weniger Chinesen ihr Gegenüber kennen, da sie das Gesicht des Gegenübers nicht verletzen wollen.

Tipps für Kommunikation in China

- *Um in China erfolgreich zu kommunizieren, sollte man sich intensiv mit den kulturellen Werten befassen.*
- *Zahlreiche Dinge, die in der eigenen Kultur positiv betrachtet werden, sind in China negativ besetzt und umgekehrt wird Negatives nicht selten positiv bewertet – Gewohntes muss daher häufig in Frage gestellt werden.*
- *Kultur ist natürlich bei verschiedenen Individuen unterschiedlich deutlich ausgeprägt. Manchmal begegnet man auch Chinesen, die sich auf die westliche Kommunikation eingestellt haben. Diesen fehlen aber mitunter die Feinheiten der westlichen Kultur, sodass sie sich beispielsweise noch offensiver in den Vordergrund drängen oder Kritik sehr direkt und brutal anbringen. Der Umgang mit solchen Personen ist nicht einfach, denn sie selbst reagieren auf Kritik oft wiederum chinesisch. Es empfiehlt sich daher generell, Chinesen eher entsprechend chinesischer Kommunikation zu behandeln und nicht in ein westliches Fahrwasser zu bringen. Dafür sollte man aber selbst die Grundprinzipien der Kommunikation in China beherrschen.*

Um in der chinesischen Business-Kultur erfolgreich zu sein, ist insbesondere Kompetenz in folgenden Bereichen gefragt:

- Verständnis grundlegender Prinzipien der Kommunikation,
- nonverbale Kommunikation,
- Kennenlernen und Beziehungspflege,
- Einladungen und Geschenke sowie
- Essen und Trinken.

Jeder dieser Bereiche wird in einem eigenen Kapitel diskutiert. Es beginnt mit grundlegenden Prinzipien der Kommunikation in China.

3.1 Prinzipien der Kommunikation

„chū mén kān tiān sè, jìn mén guān liǎn sè" (Berücksichtige das Wetter, wenn du aus einem Haus gehst; berücksichtige das Gesicht des Hausherren, wenn du in ein Haus gehst.) – chinesisches Sprichwort

Verwurzelt in den kulturellen Werten, folgt die Kommunikation in China bestimmten Prinzipien:

- starker **Respekt** gegenüber dem Gesprächspartner, um die kulturellen Werte Hierarchieorientierung und Bedürfnis nach sozialem Status zu beachten,
- ausgeprägte Beachtung von **Harmonie**, um die kollektivistischen Orientierung zu berücksichtigen,
- Orientierung am gewöhnlichen und mittelmäßigen „**goldenen Mittelweg**", um Spannungen zu vermeiden, flexibel zu bleiben und die kollektivistische Orientierung zu schützen.

Respekt ist essenziell für erfolgreiche Kommunikation in China. Gesichtsverlust entsteht schnell – etwa durch „unhöfliches" Verhalten wie Ansprache auf Augenhöhe ohne Berücksichtigung der Hierarchie, Scherze über persönliche Fehler und offene Kritik, Missachtung des höheren Alters einer Person, offensives Nachfragen, wenn man keine Antwort erhalten hat, und insbesondere Ironie, für die Chinesen kein Verständnis haben.

Wegen dieser großen Bedeutung von Respekt wollen Chinesen immer den sozialen Status des Gegenübers erfahren, bevor sie miteinander sprechen. Sie verhalten sich zu Beginn einer Beziehung eher passiv und abwartend beim Gespräch und schweigen oft, um Informationen zum Status des Gegenübers zu sammeln.

Tipps, um Respekt zu zeigen

- *Basis, um Respekt zu zeigen, ist die Analyse der hierarchischen Position der Gesprächspartner. Diese sollte vor jedem Gespräch stattgefunden haben, spätestens am Beginn erfolgen.*
- *„Ein geschlossener Mund fängt keine Fliegen", sagt ein chinesisches Sprichwort. Je höher die Position oder der soziale Status der Person, desto proaktiver und desto mehr darf er reden. Hierarchisch Höhergestellte (z. B. Ältere) dürfen frei sprechen und fragen; Jüngere und Rangniedere sprechen ohne direkte Aufforderung von Ranghöheren kaum.*
- *Eine aktive Nachfrage bei Unklarheiten oder ein Einwand kann als aggressiv verstanden werden, wenn der Fragende nicht ranghöher ist. Schweigen wird als klug und vertrauensvoll wahrgenommen. Der Philosoph Gong Ting An sagte „Der Weise schweigt, nur die Neunmalklugen reden und die Dummen diskutieren sogar."*
- *Negative Punkte werden – wenn überhaupt – nur im kleinsten Rahmen und am besten als Nebensache vorsichtig angesprochen. Am Anfang werden immer positive Punkte betont und die Person gelobt, um Akzeptanz für die schwierigen Punkte zu gewährleisten. Schwierige Themen kommen immer zum Schluss und in einer angenehmen Atmosphäre. Man sollte Kritik sehr indirekt ausdrücken, z. B. als Zuversicht und Vertrauen in die zukünftige positive Entwicklung.*

- *Chinesen neigen dazu, indirekt und zurückhaltend vorzugehen. Es ist schwer zu bemerken, wenn Chinesen etwas nicht verstehen oder nicht einverstanden sind. Wenn ein Punkt sensibel ist, werden sie nicht kritisch und forschend nachfragen, sondern die Angelegenheit zur Kenntnis nehmen und das Thema kurz wechseln, um die kritische Frage zu vermeiden.*
- *Geschlossene Fragen, die mit „ja" oder „nein" zu beantworten sind, bringen Chinesen leicht in Verlegenheit; Zudem werden sie ohnehin nicht mit nein antworten, das wäre zu unhöflich. Sinnvoll sind daher offene Fragen.*
- *Wenn Chinesen etwas nicht wollen, werden sie das häufig indirekt ablehnen, z. B. einfach schweigen, behaupten, dass sie es nicht können oder später machen werden. Hier sollte man zwischen den Zeilen die eigentliche Botschaft erkennen.*

„Ein fähiger Mann stellt sich dumm, um Neid zu vermeiden." sagte Lao Zi. Für Chinesen sind **Harmonie und Bescheidenheit** im Gespräch wichtiger als die Inhalte des Gespräches.

Um gute Beziehungen und **Harmonie** herzustellen, zeigen Chinesen häufig großes Interesse an ihrem Gesprächspartner als Privatperson. Sie geben dazu auch ungefragt konkrete Vorschläge wie *„Du solltest dich wärmer anziehen!"* oder *„Du siehst nicht gesund aus, du solltest dich besser ernähren!"*. In China sind solche Aussagen für das Gespräch zwischen Kollegen, Führungskräften und Mitarbeitern oder Geschäftspartnern typisch.

Bescheidenheit ist eine der wichtigsten Regeln in China, um die Harmonie zu schützen. Man stellt sich selbst kleiner dar als man ist und erhöht den Gesprächspartner. Dieses Verhalten sollte nicht als fehlendes Selbstvertrauen gewertet werden. Lob wird in China kaum angenommen. Lobt man einen Chinesen etwa für sein gutes Deutsch, wird der häufig antworten: *„Nein, ich bin nicht gut, ich muss hart trainieren, um meine Sprache zu verbessern."* Ebenso entschuldigen sich chinesische Gastgeber üblicherweise für die schlechten Speisen und die ungenügende Vorbereitung. Im Gespräch nehmen sich Chinesen zurück. So ist es nicht verwunderlich, dass in der chinesischen Kommunikation der Angesprochene im Mittelpunkt steht. Alles dreht sich dabei um seine Gefühle und Empfindungen. Beispielsweise fragt man in einem Geschäft: *„Was wollen Sie kaufen?"* oder in der Bibliothek: *„Was wollen Sie ausleihen?"*. Anders in Deutschland. Hier lautet die Frage meist: *„Was kann ich für Sie tun?"* und *„Wie kann ich Ihnen helfen?"*.

Tipps, um Harmonie zu berücksichtigen

- *Im Kontakt sind wegen des Kollektivismus die Worte „wir" und „unser" zu empfehlen, Worte wie „ich", „du", „mein" und „dein" sind weniger hilfreich.*

- *Eigene Stärken und Erfolge direkt zu äußern gilt als unhöflich. Gekonnte und offensichtliche Selbstentwertung stärkt das Gesicht des Gegenübers und festigt die Beziehung.*
- *Wünsche werden in China implizit ausgedrückt. Statt zu sagen „Lass uns das Fenster schließen!", wird ein Chinese eher fragen „Ist Ihnen auch kalt?" und erwarten, dass man das Fenster schließt.*
- *„Wer gut ist, streitet nicht, wer streitet, ist nicht gut." (Laozi). Direkte Kritik ist in China undenkbar, entsprechend wird sie sehr sorgfältig zwischen den Zeilen versteckt. Typische Methoden sind, dass Kritik in Komplimenten verpackt, von „Wünschen" statt von Defiziten gesprochen oder die Unzufriedenheit Dritter erwähnt wird. Hier sollte man genau hinhören.*
- *Gerade bei Herausforderungen ist schriftliche und sachliche Kommunikation wenig empfehlenswert, sondern persönlicher Kontakt mindestens per Telefon das Mittel der Wahl. So kann man zu direkte Kommunikation vermeiden und die Harmonie stärker berücksichtigen.*
- *Im Personalbereich zeigt sich Bescheidenheit deutlich. Beim Vorstellungsgespräch zeigen traditionelle Chinesen nicht aktiv die eigenen Kompetenzen. Man verhält sich eher ruhig und ist der Meinung, dass die Zeugnisse aussagekräftig genug sind. Auch im Mitarbeitergespräch betonen chinesische Mitarbeiter eigene Beiträge und Leistungen nur wenig. Sie machen bloß darauf aufmerksam, dass manche Situationen schwer waren und daher manche Leistungen nicht gut genug gewesen sind. Selbst wenn die Leistungen sehr gut waren, versprechen Mitarbeiter, in Zukunft bessere Leistungen zu versuchen.*

„Alles hat zwei Seiten. Der überlegene Mann handelt mittelmäßig, der mittelmäßige Mann handelt abweichend von der Mitte." glauben die Chinesen. Wegen der kulturellen Werte Flexibilität und Kollektivismus wollen sie sich ungern festlegen und prägnante Positionen beziehen. Man bezeichnet das als **goldenen Mittelweg**.

In der Konsequenz macht sie das als Gesprächspartner schwer berechenbar:

- Chinesen geben häufig sehr neutrale Kommentare bzw. Feedbacks zu völlig verschiedenen Meinungen.
- Sie äußern ihre eigene Meinung nur sehr vage und abstrakt und legen sich ungern fest, um sich einen Richtungswechsel offen zu halten.
- Auf Fragen reagieren sie vorsichtig ausweichend und halten sich im mittleren und unklaren Meinungsfeld auf.
- Standpunkte von Chinesen können sich sehr schnell je nach Kontext ändern.

Bei den Gesprächspartnern entsteht mitunter der Eindruck, dass sie keinerlei eigene Meinung haben.

Tipps, um den goldenen Mittelweg zu berücksichtigen

- *Im Zentrum des Gesprächs stehen Konsensfindung, bewährte Gemeinsamkeiten und eine Annäherung der Meinungen. Kreativität und Ansätze für sachlich optimale Lösungen werden meist nicht geschätzt, da sie Veränderung und Unruhe bedeuten.*
- *Klare und prägnante Standpunkte und Meinungen sollte man in China möglichst nicht direkt mitteilen, um die Harmonie zu schützen.*
- *Führungskräfte sollten zwischen den Zeilen lesen. Chinesen sind im Mitarbeitergespräch zurückhaltend mit Wünschen und Bedürfnissen. Sie sind oberflächlich betrachtet scheinbar einverstanden mit allem, was die Führungskraft sagt und das Unternehmen wünscht. Das bedeutet aber nicht, dass alles in Ordnung ist und die Ziele auch unterstützt werden. Die Mitarbeiter erwarten, dass ihre Führungskräfte intuitiv den Erfolg und die individuelle Situation des Mitarbeiters berücksichtigen. Findet das nicht statt, sammelt sich Unzufriedenheit, da sie eine Konfrontation vermeiden wollen. Wechsel zu einem anderen Arbeitgeber ohne Vorwarnung ist dann oft die Konsequenz.*

Das nächste Kapitel handelt von der nonverbalen Kommunikation in China.

3.2 Nonverbale Kommunikation

„cǐ shí wú shēng shèng yǒu shēng" (Jetzt ist Schweigen mächtiger als Reden.) – chinesisches Sprichwort

Auch in westlichen Ländern werden Botschaften zu großen Anteilen nonverbal vermittelt. In China ist das noch stärker ausgeprägt, da man sprachlich sehr vage formuliert. Daher ist es wichtig, die Regeln der chinesischen nonverbalen Kommunikation zu verstehen, um sie als Quelle für Informationen nutzen zu können und selbst sozial kompetent kommunizieren zu können.

Dieses Kapitel geht ein auf

- körperlichen Abstand,
- Gesichtsausdruck,
- Blickverhalten,
- Gestik,

- Kleidung und
- Störfaktoren in der nonverbalen Kommunikation.

Im Zusammenhang mit **körperlichem Abstand** in China gibt es deutliche Unterschiede zu anderen Kulturen. So vermissen viele Europäer die gewohnte Distanz. Chinesen scheuen sich nicht, auch sehr **nahen körperlichen Kontakt** zu haben. Eine öffentliche oder gesellschaftliche Distanz wird schnell sehr persönlich, um Nähe zu demonstrieren. So kann jemand, den man gerade kennengelernt hat, versuchen sehr nahe zu kommen und beim Gespräch die Hände oder Arme berühren. Häufig halten Chinesen im Business Kontext zum *„qiāo qiāo huà"* (Austausch von Geheimnissen) geringen Abstand zueinander. Dies gilt allerdings nur bei gleichgeschlechtlichen Gruppen, wie Abb. 3.1 zeigt.

Unter Freunden gibt es ebenfalls intensiven Körperkontakte und Nähe. Zu Freunden des gleichen Geschlechts hält man fast keine Distanz (z. B. Arm in Arm gehen). Ausländer wundern sich häufig darüber, dass sie scheinbar so viele „homosexuelle" Pärchen in China sehen. Allerdings hat diese körperliche Nähe nichts mit Homosexualität zu tun.

Körperkontakt zwischen Mann und Frau hingegen ist tabuisiert (vgl. Abb. 3.1), egal ob es Pärchen, Familie oder Freunde sind. *„Männer und Frauen sollten keinen körperlichen Kontakt haben."* wurde im alten China schon als gesellschaftliche Regel gelebt. Umarmen, Händchenhalten oder gar Küsschen sind nicht akzeptiert.

Abstandsverhalten

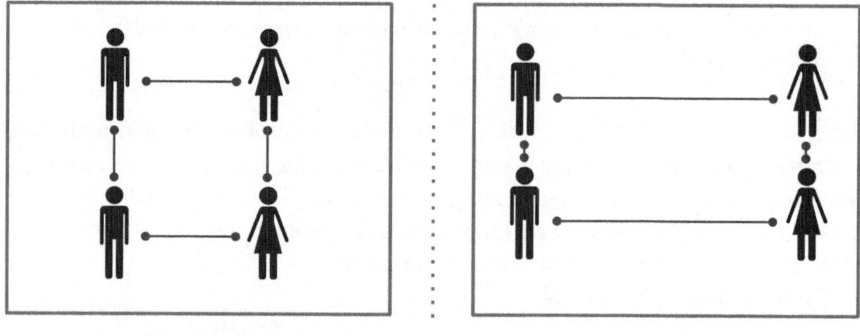

Abb. 3.1 Abstandsverhalten in Deutschland und China

Tipps zum Abstandsverhalten

- *Körperliches Abstandsverhalten ist in verschiedenen Kulturen sehr unterschiedlich. Es empfiehlt sich, die Distanzmuster der Gesprächspartner in China passiv zu erwidern.*
- *Körperliche Nähe mit gleichgeschlechtlichen Gesprächspartnern ist normal und sollte zugelassen werden. Sie ist ein positives Signal für Sympathie und den Wunsch nach Vertrauen. Betonung von Distanz wird in China als arrogant betrachtet und gilt als eindeutiges Zeichen, dass man sich von anderen abgrenzen möchte.*
- *Generell gibt es in China keine Umarmung oder gar Küsschen als Begrüßung, auch nicht bei engen Verwandten.*
- *Die Hand gibt man im geschäftlichen Kontext nur gleichrangigen Personen und beim ersten Kennenlernen. Zwischen Personen sehr unterschiedlicher Hierarchiestufen (wie z. B. alten und jungen Menschen und Führungskraft und Mitarbeiter) werden die Hände nicht gegeben. Stattdessen neigen die Rangniederen ihren Kopf leicht nach unten und beugen sich etwas nach vorne. Auf den Händedruck sollte man in China nicht bestehen, sondern warten, ob einem die Hand angeboten wird, wenn man einen niedrigeren Rang bekleidet. Der feste und selbstbewusste Händedruck bedeutet in China eher eine Bedrohung bzw. Aggressivität, dementsprechend ist der Händedruck in der Regel sanfter.*

Der **Gesichtsausdruck** ist im Business-Kontext ein andauerndes Lächeln oder auch neutral, selbst wenn eine kritische Situation wie ein Unfall oder eine Auseinandersetzung eintritt. Hier zeigen Chinesen weniger Emotionen als in vielen anderen Ländern üblich. Die soziale Norm ist: Erwachsene sollten ihre Emotionen verstecken, besonders die negativen. Daher sieht man am Arbeitsplatz kaum einen Chinesen, der laut negative Emotionen wie Wut zeigt. Auf peinliche Situationen oder negative Ereignisse reagieren Chinesen sogar häufig mit einem Lächeln, um ihre Emotion zu verdecken, was für westliche Partner irritierend ist.

Im Gegensatz dazu zeigen Chinesen beim Small Talk oder beim abendlichen gemeinsamen Ausgehen einen ausgeprägten und lebendigen Gesichtsausdruck. So betonen sie emotionale Anteilnahme, Interesse und Respekt.

Tipps zum Gesichtsausdruck

- *Ein neutraler Gesichtsausdruck bei chinesischen Geschäftspartnern ist normal und sollte nicht weiter verwundern.*
- *In öffentlichen Situationen vor größeren Gruppen sollten eigene Emotionen verdeckt werden, insbesondere negative. Auch bei berechtigter Unzufriedenheit*

gilt es, das sehr dezent auszudrücken, wenn einem an der zukünftigen Beziehung liegt.
- *Im Small Talk kann der Gesichtsausdruck ruhig etwas übertrieben positiv sein, das zeigt Interesse und Anteilnahme.*

Auch beim **Blickverhalten** gibt es Besonderheiten. Chinesen achten sehr auf die Augenpartie, um Emotionen des Gegenübers zu lesen, denn der Rest wird stark kontrolliert. Der Mund wird kaum für den Emotionsausdruck benutzt. Wenn jemand beleidigt oder verärgert ist, dann meidet er den Blick und wendet sogar den Kopf ab.

Chinesen vermeiden es außerdem, jemandem lang oder zu direkt in die Augen zu schauen, da dies als unhöflich, dominant oder bedrohlich verstanden werden könnte oder mangelnden Respekt zeigt.

Tipps zum Blickverhalten

- *Viele ausländische Geschäftspartner sind irritiert, wenn chinesische Gesprächspartner wenig Blickkontakt halten, doch dieses Verhalten gehört zur chinesischen Kultur und man kann das Gespräch ohne Bedenken fortsetzen.*
- *Zu intensiver Blickkontakt ist bei Gesprächen unhöflich.*
- *Besonders bei Gesprächen zwischen Mann und Frau sollte man nicht zu lang und zu häufig in die Augen des Gegenübers schauen, da dies sonst als sexuelle Zuneigung oder Flirtversuch gewertet wird.*

Bei der **Gestik** sind Chinesen zurückhaltend. Der Oberarm wird auch bei Präsentationen kaum genutzt, um nicht aggressiv zu wirken. *„Die Zähne zeigen und Krallen schwingen"* ist eine Redewendung, die zu starke Gestik im Gespräch beschreibt.

Tipps zur Gestik

- *Gestik sollte in China sparsam eingesetzt werden und eher vom Ellenbogen abwärts stattfinden.*
- *Der Zeigefinger als Geste wirkt sehr dominant, unhöflich und aggressiv, wenn man kritisiert oder anordnet. Er sollte nur eingesetzt werden, wenn man eine rangniedere Person zurechtweisen möchte. Ansonsten sind leichte Gesten mit der ganzen, nach oben offenen Hand geeigneter.*
- *Chinesen zeigen mit dem Finger auf die eigene Nase, wenn sie auf sich zeigen wollen, nicht auf die Brust wie in westlichen Ländern. Das sollte man adaptieren, um verständlich zu bleiben.*
- *Handzeichen sind unterschiedlich, das betrifft auch die für Zahlen. Westliche Handzeichen für Zahlen sind weitgehend unverständlich in China. Chinesen*

zeigen die Zahlen von eins bis zehn mit einer Hand. Das deutsche Zeichen für zwei beispielsweise entspricht dem chinesischen Zeichen für acht, was zu Missverständnissen führt.

Chinesen haben andere Vorstellungen, was **Kleidung** anbelangt. Die in China ausgeprägte Vermischung von Privatem und Geschäftlichem führt zu einem deutlich anderen Erscheinungsbild als in Deutschland. Viele tragen einen Anzug, unabhängig davon, welchen Beruf sie haben und wo sie sich gerade befinden, oder sie tragen T-Shirts und Shorts, auch wenn sie ein wichtiges Geschäftsmeeting haben. Chinesische Frauen verwenden am Arbeitsplatz eher wenig Kosmetik. Stattdessen ziehen sie sich sehr sorgfältig an, beispielsweise mit teuren Markenschuhen und Kleidung. Ihre Kleidung ist betont weiblicher als in Deutschland. Hohe Absätze und kurze Röcke sind üblich. Entsprechend wundern sich chinesische Frauen häufig über die „männliche" Kleidung westlicher Geschäftsfrauen.

Tipps zur Kleidung

- *In China kann man anhand der Kleidung die soziale Herkunft und Hierarchieposition einer Person relativ schnell einschätzen. Wichtigste Kriterien dafür sind Preis und Marke. Es kann gut sein, dass der Ranghöchste keinen Anzug trägt, er wird aber meist am teuersten gekleidet sein.*
- *Dresscodes am Arbeitsplatz sind in China weniger üblich, trotz des Klischees der chinesischen Arbeitsuniformen. Allerdings zählt Markenkleidung. Fazit: Es ist nicht so wichtig, ob man einen Anzug trägt oder nicht – Hauptsache die Kleidung war teuer. Chinesen achten darauf und bekommen auf diese Weise das Gefühl, mit jemand Erfolgreichem und Hochrangigem zu tun zu haben.*

In der nonverbalen Kommunikation sind ebenfalls potenzielle **Störfaktoren** zu finden. Die Akzeptanz von Körpergerüchen unterscheidet sich beispielsweise je nach Kultur. Die Benutzung von Parfum und Duftstoffen ist in China fast nur Frauensache. Parfümiertes Gesichtswasser ist bei Männern verpönt, Schweißgeruch aber akzeptiert. Deodorant wird in China daher kaum genutzt. Chinesen essen dreimal täglich warm, je nach Region meist mit Gewürzen, beispielsweise Knoblauch. Das beeinflusst den Körpergeruch, was für westliche Nasen herausfordernd sein kann.

Tipps zu Störfaktoren

- *Parfümierung bei Männern (etwa Rasierwasser) ist nicht akzeptiert.*
- *Körpergerüche wie Schweiß oder Knoblauch sind für Chinesen unproblematisch.*

- *Schweigende Gesprächspartner sind nichts Besonderes, es ist ein Mittel, um Respekt zu zeigen oder nicht auf sensible Fragen zu antworten bzw. sie indirekt zu verneinen. Man kann auch selbst einfach schweigen, wenn man nicht antworten möchte.*
- *Ein lautes Putzen der Nase gilt als unappetitlich.*
- *Es ist unhöflich, einen Vortrag durch Fragen zu unterbrechen, mit laut miteinander diskutierenden oder sogar schlafenden Zuhörern ist dagegen zu rechnen.*
- *Während Gesprächen oder Präsentationen gehen Chinesen unverblümt an ihr Mobiltelefon, es wäre aus ihrer Sicht unhöflich gegenüber dem Anrufer, nicht anzunehmen. Dadurch sollte man sich nicht irritieren lassen und schon gar keine negative Emotion zeigen.*

Das nächste Kapitel vertieft Kommunikation bei Kennenlernen und Beziehungspflege.

3.3 Kennenlernen und Beziehungspflege

„tiān shí bù rú dì lì, dì lì bù rú rén hé" (Was der Himmel verspricht, ist nicht so wichtig wie die Gelegenheiten auf der Erde, und diese sind nicht so wichtig wie gute Beziehungen zwischen den Menschen.) – chinesisches Sprichwort

China ist eine **Beziehungskultur**. Es ist üblich, dass Chinesen nur bedeutsame Geschäfte mit Personen machen wollen, mit denen sie sich in einer engen Beziehung fühlen. Jemand, mit dem es gelungen ist eine Beziehung aufzubauen, wird geschäftliche Fragen beantworten und bei Wünschen entgegenkommend sein. Erfolgreicher Aufbau und Pflege von Beziehungen sind daher die Grundvoraussetzung für geschäftlichen Erfolg. Dabei sind insbesondere folgende Punkte wichtig:

- ein erfolgreiches erstes Kennenlernen,
- gekonnter Small Talk,
- Einladungen und Geschenke sowie
- gemeinsame Unternehmungen, insbesondere Essen.

Das Verhalten bei all diesen Punkten spiegelt die kulturellen Werte der Chinesen wider. Die beiden ersten Punkte behandelt dieses Kapitel, die weiteren Punkte folgen in eigenen Kapiteln.

Tipps für ein erfolgreiches erstes Kennenlernen

- *Als Vorbereitung ist wichtig herauszufinden, wer am Treffen teilnimmt und welchen Rang diese Personen haben, um keine Gesichtsverletzungen durch mangelnden Respekt zu riskieren.*
- *Es ist üblich, Visitenkarten mitzunehmen, und zwar mindestens mit englischen Angaben. Ein chinesischer „Nickname" ist hilfreich, um die Ansprache zu erleichtern.*
- *Schon beim Kennenlernen sind Geschenke hilfreich für einen guten Start.*
- *Oft wird eine kurze Unternehmenspräsentation erwartet, idealerweise mit chinesischem Handout.*
- *Man erscheint mit mehreren hochrangigen Personen, um Wertschätzung zu zeigen und Zugang zu wichtigen Entscheidern zu bekommen.*
- *Um den chinesischen Partnern Orientierung zu bieten, sollten die ranghöchsten Besucher etwas vorausgehen.*
- *Begrüßung auf Chinesisch „nín hǎo" (guten Tag) macht einen guten Eindruck.*
- *Eine leichte Verbeugung bei der Begrüßung ist gut, beginnend mit den ranghöchsten Personen. Bei gleicher Position bedeutet höheres Alter höheren Rang.*
- *Passives Verhalten wird in China geschätzt. Eine gereichte Hand nimmt man mit leichtem Händedruck an. Man selbst sollte die Hand nicht aktiv reichen, es gibt dabei zu viele Feinheiten zu beachten.*
- *Einhändiges Reichen und Annehmen gilt als verächtliche Geste. Wird einem eine Visitenkarte gereicht, sollte diese mit beiden Händen angenommen, lang angesehen und wertschätzend behandelt werden. Die eigene Karte wird ebenfalls mit beiden Händen ausgehändigt, beginnend mit der ranghöchsten Person.*

Ist ein guter Start in die Beziehung geschafft, wird **Small Talk** zum zentralen Instrument. Er hilft nützliche Informationen zu gewinnen sowie Beziehungen und Netzwerke aufzubauen und zu pflegen. Small Talk wird daher auf allen geschäftlichen Ebenen intensiv betrieben: unter Kollegen, Mitarbeitern und Vorgesetzten, Kunden und Anbietern oder zwischen Verhandlungsparteien.

Dabei bestehen einige **Besonderheiten** beim Small Talk in China, die in den Werteorientierungen fußen.

- Eine wichtige Regel ist, das Gesicht des Gegenübers zu erhöhen, etwa durch Komplimente.
- Inhaltlich sind die Fragen und Themen oftmals sehr persönlich, wie etwa Gesundheit oder der Zustand der Familie. All das dient der Beziehungspflege und dem Ausdruck von Interesse.

- Auch die Rolle der Hierarchie ist in China stärker ausgeprägt. Die untergeordnete Person stellt häufig wesentlich weniger Fragen als die übergeordnete und verhält sich auch sonst viel passiver.
- Chinesen sprechen zudem vor allem über Positives, besonders wegen ihrer buddhistischen Orientierung und dem Aberglauben, dass negative Gedanken und Worte Unglück heraufbeschwören.
- Themen können rasch wechseln, auch um sensible Bereiche zu verlassen, zu denen man sich nicht weiter äußern möchte.

Tipps für den Small Talk

- *Kein Small Talk ohne geeignete Situation. Möglichkeiten dafür sind unaufgeforderte Besuche, spontane Anrufe (etwa zum chinesischen neuen Jahr) und Einladungen.*
- *Normalweise geben Chinesen ungern die eigene Meinung wieder, da sie Angst haben, dass die persönliche Sicht anders als die Gruppenmeinung sein könnte. Aber im Small Talk ist der Gefragte eher ermutigt, seine eigene Meinung zu sagen. Die Frage nach der Meinung signalisiert hier sogar Wertschätzung. Auf dieser Grundlage kann man am ehesten wichtige und sensible Informationen erfahren und kritische Verhandlungsthemen lösen.*
- *Der private Austausch ist wichtiger als der berufliche. Daher sind Fragen über die Familie als Themen gut geeignet. Chinesen reden sehr gerne über ihren Nachwuchs und erzählen von dessen Leistungen. Man kann immer über Kinder sprechen und sich Tipps geben lassen.*
- *Lob und Komplimente werden stärker genutzt als in Deutschland. Es findet sich immer etwas zu loben, z. B. der Kleidungsstil, Markenanzug oder die Armbanduhr. Wenn der Gesprächspartner einen Markenartikel trägt, dann kann man das als Einstieg nutzen.*
- *Essen und Trinken sind ebenfalls gute Themen für Small Talk. Chinesen betrachten Kulinarisches als sehr wichtig.*
- *Entwicklung und Stärken beider Länder sind gute Gesprächsthemen, die auch den patriotischen Stolz der Chinesen bedienen und Chancen eröffnen, die Stärken des eigenen Unternehmens zu präsentieren.*
- *Ungeeignet sind kritische Töne zu China (z. B. Menschenrechte, Korruption, Fälschung und Raubkopien, politische Skandale, Tibet und Taiwan) und dem eigenen Land (Risiko, als Nestbeschmutzer angesehen zu werden), Sexualität, negative Ereignisse und Emotionen sowie Aberglaube.*
- *Schwarzer Humor, Ironie und andere westliche Witze sind in China nicht verständlich, sie verwirren oder irritieren die Gesprächspartner.*

- *Themenwechsel sollte man akzeptieren und nicht zu detailliert weiter fragen, wenn jemand das Thema wechseln möchte oder die Fragen nicht wirklich beantwortet.*

Einladungen und Geschenke sind wichtige Instrumente, um Beziehungen zu pflegen und zu festigen. Das Wichtigste dazu im nächsten Kapitel.

3.4 Einladungen und Geschenke

„lǐ shàng wǎng lái, wǎng ér bù lái, fēi lǐ yě, lái ér bù wǎng, yì fēi lǐ yě" (Der Anstand verlangt, zurückzugeben. Es ist unanständig nur zu nehmen, es ist aber auch nicht gut, nur zu geben.) – chinesisches Sprichwort

Einladungen sind ein **wesentliches Element**, um Geschäftsbeziehungen in China zu festigen. Sie sind eine gute Gelegenheit, persönliche Kontakte aufzubauen und zu vertiefen. Gelegenheiten ergeben sich einfach, denn Einladungen in China sind absolut **alltäglich** und werden sehr schnell ausgesprochen, viel häufiger als in Deutschland. Man sollte sich nichts Besonderes dabei denken und richtig reagieren.

Es treten automatisch Fragen auf: Ist die Einladung ernst gemeint? Wie soll ich reagieren, wie sage ich zu oder lehne ich ab? Kann oder sollte ich jemanden mitbringen?

Tipps, wenn man eingeladen wird

- *Falls man annehmen möchte, sollte man sich herzlich bedanken und höflich nach dem Termin fragen. Wenn die Chinesen aber nur antworten: „Wenn Sie mal Zeit haben, kommen Sie mich besuchen!" und keinen konkreten Termin anbieten, dann ist die Einladung meist nur Höflichkeit und nicht ernst gemeint.*
- *Wenn man ablehnen will, sollte man das nicht direkt formulieren. Redewendungen wie „Meine Assistentin hat den Aufenthalt dieses Mal sehr eng geplant, morgen habe ich leider schon Termine mit guten und wichtigen Kunden eingetragen." sind sozial akzeptiert. Wenn jemand sich entschuldigt, weil viel Sacharbeit zu tun sei, ist das nicht akzeptabel. Damit zeigt er aus chinesischer Sicht Geringschätzung, weil ihm die Sache wichtiger als die zwischenmenschliche Beziehung zu sein scheint.*
- *Chinesen sind kollektivistisch, daher ist es bei Einladungen zu öffentlichen Orten wie Restaurants oder Bars üblich, weitere Personen mitzubringen, etwa*

Kollegen, Ehepartner oder Mitarbeiter. Der chinesische Geschäftspartner wird auch mehrere (zwei bis drei) Mitarbeiter mitbringen. Wichtig ist es hier, darüber zu informieren, wie viele Personen kommen, sodass reserviert werden kann.

- *Chinesen erscheinen zu Einladungen überpünktlich. Wer bei einer Einladung zu spät kommt, erweist dem Gastgeber keinen Respekt, was die Beziehung der beiden beeinträchtigen kann. Deswegen sollte man bei privaten Treffen sogar fünf bis zehn Minuten früher als vereinbart da sein. Dabei braucht man keine Scheu zu haben, wenn der Einladende noch bei der Vorbereitung ist. Nur die ranghöchste Person kommt gelegentlich spät, um ihren Status zu unterstreichen.*

Einladungen sollten erwidert werden, das wird erwartet. Auch hier gilt es Dinge zu beachten.

Tipps, wenn man einlädt

- *Grundsätzlich lädt man wichtige chinesische Kontaktpersonen immer mit ein, auch wenn diese keine Zeit dazu haben oder gerade ganz woanders sind. Sonst „verlieren" diese wichtigen Personen ihr soziales Gesicht, weil sie nicht eingeladen wurden, und die Beziehung wird beschädigt.*
- *In China wird „die Treppe von oben nach unten gekehrt". Am besten wendet man sich an die hierarchisch höchststehende Person, mit der man Kontakt hat und lädt diese und ihre Mitarbeiter ein.*
- *Bei einer Zusage klärt man den geeigneten Zeitpunkt. Hochrangige Führungskräfte in China sind es nicht gewohnt, dass jemand anderes den Zeitpunkt festlegt. Daher sollte man fragen, wann der Partner Zeit hat oder Termine vorschlagen.*
- *Auch die Anzahl an Personen, die eingeladen werden, spielt eine Rolle. Es ist sinnvoll, den ranghöchsten Partner zu fragen, wen er gerne mitbringen möchte. Wenn man eine Einladung im Beisein anderer ausspricht, sollte man immer alle Anwesenden einladen, sonst wird das schnell als Brüskierung erlebt. Möchte man eine kleine Gesprächsrunde haben, dann sollte bei der Einladung ausgedrückt werden, dass man sich sehr persönlich mit den Gästen austauschen möchte.*
- *Als Gastgeber ist davon auszugehen, dass die Gäste vor der vereinbarten Zeit erscheinen, um ihre Wertschätzung zu zeigen.*

Geschenke haben eine **wichtige Funktion** in Chinas Business-Kultur. Sie helfen geschäftliche Beziehungen aufzubauen, zu festigen und zu reparieren und können von westlichen Partnern nahezu bei jeder Gelegenheit eingesetzt werden; sei es beim ersten Kennenlernen, bei späteren geschäftlichen Treffen, bei Einladungen nach Hause oder sogar ins Restaurant.

Bedeutung von Einladungen und Geschenken

gering

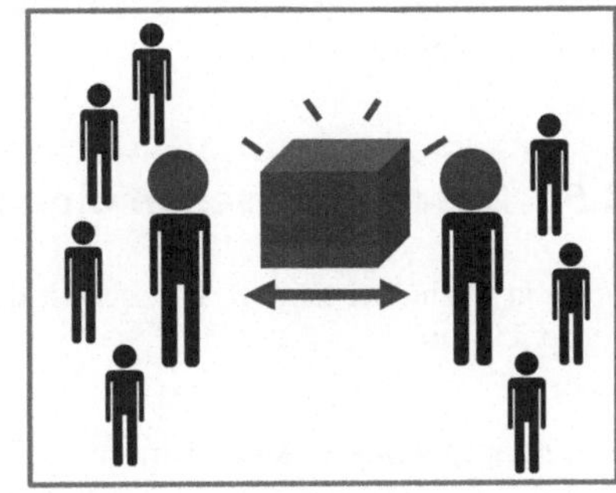

hoch (China)

Abb. 3.2 Bedeutung von Einladungen und Geschenken

Bei Geschenken sollten immer die genannten **kulturellen Werte** in China berücksichtigt werden. Generell gilt, wie Abb. 3.2 zeigt, dass Geschenke ähnlich wie Einladungen in China sehr bedeutsam sind und stark symbolische Funktion der Wertschätzung und des Respektes haben (soziales Gesicht). Deshalb werden sie meist öffentlich überreicht und der „Schein" (z. B. die Verpackung und Marke) ist enorm wichtig.

Tipps für Geschenke

- *Geschenke können genutzt werden, um sich für Einladungen erkenntlich zu zeigen, wenn man nicht zurück einladen kann.*
- *Geeignete Geschenke sind etwa Wein (idealerweise französisch, da hoch angesehen), Schokolade (idealerweise schweizerisch, da hoch angesehen) oder etwas Typisches aus Deutschland (keine Kuckucksuhr, denn Uhren stehen für den Tod).*
- *Wegen der Hierarchieorientierung ist es wichtig, ranghohen Personen die ersten und die hochwertigeren Geschenke zu überreichen.*
- *Gut eignen sich auch kollektivistische Geschenke, mit denen die ganze Gruppe Spaß hat, etwa Einladungen zum Essen oder in eine Karaoke-Bar.*
- *Markennamen, Verpackungen und Symbole sind ungleich wichtiger als in den westlichen Kulturen. Wegen der starken Orientierung an sozialem Prestige in China zählt der Schein. Ein hervorragender deutscher oder österreichischer Wein ist wenig hilfreich, da er in China nichts besagt. Ein wunderbar eingepackter mittelmäßiger französischer Wein würde mehr geschätzt.*

Nicht nur im Kontext von Einladungen spielt das gemeinsame Essen und Trinken eine herausragende Rolle in Chinas Business-Kultur. Dazu das Wichtigste im nächsten Kapitel.

3.5 Geschäftsessen in China

„mín yǐ shí wéi tiān" (Das Essen ist das Himmelreich des Volkes.) – chinesisches Sprichwort

Das **gemeinsame Essen** ist in der kollektivistisch geprägten Gesellschaft Chinas von zentraler Bedeutung. So ist ein üblicher Gruß *„Hast du schon gegessen?"* Ein größeres Geschäft und eine Geschäftsbeziehung ohne (mehrere) Essen sind kaum vorstellbar, hier findet Small Talk statt, hier werden Beziehungen aufgebaut und gefestigt, hier öffnen sich die Partner als emotionale Menschen, hier werden Entscheidungen getroffen und Probleme gelöst.

Der Ablauf eines typischen wichtigen Geschäftsessens in China ist stark durch die kulturellen Werte geprägt und wird meist folgendem Schema ähneln:

- Der Ort wirkt ausgesucht hochwertig (soziales Prestige),
- die Gäste treffen gemeinsam ein (Kollektivismus),
- der ranghöchste Gastgeber weist den Gästen Plätze zu, chronologisch nach Rangordnung und die ranghöchste Person mit dem Gesicht Richtung Tür (Hierarchie),
- kalte Vorspeisen werden aufgetragen (der Übergang zwischen Vor-, Haupt- und Nachspeisen ist fließend),
- der ranghöchste Gastgeber hält eine kurze Begrüßungsrede (Hierarchie und Schenken von Gesicht an die Gäste) und bittet dann zum Essen,
- nach der Rede wird mit Reisschnaps angestoßen (Kollektivismus),
- nach einer Weile bedankt sich der ranghöchste Gast in einer kleinen Rede (Hierarchie und Schenken von Gesicht an die Gastgeber),
- darauf wird wieder mit Reisschnaps angestoßen (Kollektivismus) und ggf. applaudiert,
- vielleicht werden weitere Personen aufgefordert, kurz etwas zu sagen (soziales Prestige),
- warme Speisen (die der Gastgeber aussucht) werden serviert mit folgenden Eigenschaften: Sie sind sehr hochwertig und teuer, etwas Besonderes und es gibt zu viel (Materialismus und soziales Prestige); die Speisen stehen für alle zur Verfügung in der Mitte des meist runden Tisches (Kollektivismus), es gibt nicht „mein Gericht", nur „unsere Gerichte",

- der ranghöchste Gastgeber bietet als erstes dem ranghöchsten Gast ausgesuchte Speisen an, der nimmt diese freudig an; das wird den ganzen Abend regelmäßig wiederholt, Getränke für die Gäste werden sehr aufmerksam vom Gastgeber selbst nachgefordert mitunter sogar persönlich nachgereicht (Hierarchie und soziales Prestige),
- man redet (und trinkt ggf.) viel miteinander, zunehmend freundschaftlicher und privater (Kollektivismus),
- als Nachspeisen gibt es ggf. Suppe und Teller mit Süßem und Früchten,
- die ranghöchsten Personen erklären das Essen irgendwann für beendet (Hierarchie),
- alle Gäste verabschieden sich und gehen gemeinsam (Kollektivismus).

Wie man unschwer erkennt, spiegeln sich die kulturellen Werte wie überall auch deutlich im Verhalten beim Essen wieder. Wenn man den Ablauf in etwa wie oben einhält, wird man das berücksichtigen. Natürlich wissen auch die Chinesen, dass ihre westlichen Partner aus einer anderen Kultur kommen, und sind verständnisvoll. Dennoch gibt es einige wichtige Tipps, die helfen, ein Geschäftsessen erfolgreich zu bewältigen.

Tipps für Geschäftsessen in China

- *Chinesen werden auch gerne in ausländische Restaurants eingeladen, diese gelten als teuer und hochwertig.*
- *Im chinesischen Restaurant gibt es in der Regel kein westliches Besteck. Man sollte daher mit Stäbchen geübt haben, das wird mit Freude registriert. Die Stäbchen werden nicht in die Schüssel gesteckt, sondern daneben gelegt, wenn sie nicht genutzt werden.*
- *Der Eindruck von Gier ist in China besonders verpönt, im Mittelpunkt stehen die Beziehungen, nicht das Essen an sich. Das Essen beginnt erst mit einem Zeichen oder einer Rede des Gastgebers. Chinesen essen an einem runden Tisch mit Drehplatte in der Mitte, auf der die Gerichte stehen. Man steht nicht auf, um sich ein Gericht zu holen, man wartet, bis die Gerichte zu einem gedreht werden, oder dreht selbst an der Platte.*
- *Wenn Dinge angeboten oder gereicht werden, die man mit der Hand entgegennimmt, sind immer beide Hände zu benutzen.*
- *In den meisten Regionen trinken Chinesen Schnaps zum Essen. Dabei kommt man sich menschlich sehr nahe und kann hervorragend Beziehungen aufbauen und vertiefen.*

- *Wenn man einmal anfängt mitzutrinken, wird man aus Höflichkeit viel trinken müssen. Wer das nicht möchte, sollte das von Anfang an klar aber höflich sagen. Begründungen wie die Einnahme von Medikamenten oder die Bitte, nur mit Bier anzustoßen, haben sich bewährt.*
- *Beim Anstoßen spielt Status eine Rolle. Die Ranghöheren halten das Glas immer höher. Entsprechend blicken sich die Chinesen beim Anstoßen nicht in die Augen, sondern beachten die Höhe der Gläser. Als gleichrangiger Gast sollte man, um Respekt zu zeigen, sein Glas beim Anstoßen niedriger als der Gastgeber halten.*
- *Verhaltensweisen, wie während des Essens zu rauchen und harten Alkohol zu trinken, sind normal. Reden mit vollem Mund, lautes Sprechen oder Lachen beim Essen, Schmatzen, Schlürfen und Rülpsen sind allgemein üblich. Knochen oder Gräten werden auch mal direkt auf den Tisch geworfen. Chinesen nehmen außerdem sofort Gespräche an, wenn das Handy klingelt, selbst wenn sie gerade mit jemandem sprechen.*
- *Für den Gastgeber ist es selbstverständlich, dass er seinen Gästen wiederholt gutes Essen anbietet. Manchmal benutzt er dafür seine eigenen Stäbchen und reicht das Essen weiter an die Gäste. In solchen Situation sollte man sich bedanken, man kann das Essen allerdings ruhig in der Schüssel lassen, wenn man es nicht essen möchte. Das Servicepersonal wird später die Teller auswechseln. Keinesfalls sollte man ablehnen. So wahrt man das Gesicht des Gastgebers.*
- *Als Gast sollte man während des Essens nicht selbst etwas bestellen (außer Beilagen wie Reis), sonst unterstellt man dem Gastgeber eine schlechte Organisation.*
- *Das gesamte Verhalten sollte zeigen: Das Essen schmeckt und ist genug. Die eigene Schüssel sollte man leer essen und dabei wiederholt das Essen loben. Die Speiseteller in der Mitte des Tisches sollten aber einen Rest behalten, sonst zeigt man, dass der Gastgeber nicht genug bestellt hat.*
- *Es ist üblich in China, dass der Gastgeber selbst das Essen für alle bestellt und danach auch bezahlt. In China zahlt man nicht getrennt für sich selbst, sondern wechselt sich dabei ab. Häufig kann man dabei eine hitzige Debatte beobachten, wer bezahlen „darf", denn dadurch wird Wertschätzung gezeigt und man gewinnt soziales Gesicht.*
- *Man sollte sich herzlich bedanken, wenn man eingeladen wurde, und eine neue Einladung schon bei der Verabschiedung aussprechen. Die Einladung muss natürlich noch nicht konkret sein. Man zeigt damit aber, dass gegenseitiges Geben und Nehmen selbstverständlich ist und man zurückgeben möchte. So ist eine gute Basis für die weitere Geschäftsbeziehung gelegt.*

Es folgt als Abschluss des Buches eine kurze Zusammenstellung von wichtigen Erkenntnissen, die Leser aus diesem Buch für sich mitnehmen können.

China-Expertise zum Mitnehmen: Zentrale Erkenntnisse

Besonders zentrale Erkenntnisse, die Leser für ihr erfolgreiches China-Engagement mitnehmen, sind:

- Leser haben erkannt, dass sie den großen Chancen und Risiken in China erfolgreich begegnen können, wenn sie die chinesische Business-Kultur verstehen.
- Das Buch hat Leser insgesamt dafür sensibilisiert, dass sich die chinesische Business-Kultur in entscheidenden Aspekten sehr von anderen Kulturen unterscheidet. Leser kennen die zentralen Unterschiede und verstehen, wie sie mit diesen erfolgreich umgehen.
- Dazu haben Leser die fünf zentralen kulturellen Werte der chinesischen Business-Kultur kennengelernt: Hierarchieorientierung, kollektivistische Orientierung, Orientierung an sozialem Status, Flexibilität und materialistische Orientierung.
- Leser kennen die zentralen Auswirkungen dieser kulturellen Werte auf geschäftliche Aktivitäten wie Kontaktaufbau, Kooperation und Verhandlung, Verkauf und Marketing sowie Führung und Teamarbeit.
- Das tiefgreifende kulturelle Verständnis versetzt Leser zudem in die Lage, sich auch in neuen Situationen erfolgreich zu verhalten.
- Leser verstehen die Prinzipien der Kommunikation in China und die zentralen Unterschiede zu anderen Kulturen. Dabei wurden sie sensibilisiert für Körpersprache und weitere nonverbale Aspekte der Kommunikation in China.

© Springer Fachmedien Wiesbaden 2015
X. Ma, F. Becker, *Business-Kultur in China,* essentials,
DOI 10.1007/978-3-658-09040-1_4

- Leser verfügen über zentrale Kenntnisse im Bereich Kennenlernen und Beziehungspflege, um fit für die Beziehungskultur in China zu sein. Sie kennen die Rolle und Anwendung von Einladungen und Geschenken sowie das erfolgreiche Verhalten rund um Geschäftsessen in China.
- Eingebettet in das Verständnis von Kultur und Kommunikation haben Leser zahlreiche konkrete Tipps erhalten, die sie für ihr China-Engagement mitnehmen und dort zusätzlich handlungsfähig machen.

Literatur

Arora, R. (2005). *Nest eggs and economic expansion in China: Chinese among top savers, but still dissatisfied (Online Publication)*. Washington D.C.: The Gallup Organization.

Becker, F., & Ma, X. J. (2013). Die chinesische Perspektive: Was macht Arbeitgeber in China attraktiv? In H. Künzel (Hrsg.), *Employer branding* (S. 77–90). Heidelberg: Springer.

Bond, M. H. (1991). *Beyond the Chinese face: Insights from psychology*. Hong Kong: Oxford University Press.

Gabrenya, W. K., & Hwang, K. (1996). Chinese social interaction: Harmony and hierarchy on the good earth. In M. H. Bond (Hrsg.), *The handbook of Chinese psychology* (S. 309–321). New York: Oxford University Press.

Hall, E., & Hall, M. (1990). *Understanding cultural differences: Germans, French and Americans*. Yarmouth: Intercultural Press.

Hofstede, G. (1980). *Culture's consequences: International differences in work-related values*. Newbury Park: Sage.

Hofstede, G. (2001). *Culture's consequences: Comparing values, behaviors, institutions, and organizations across nations* (2. Aufl.). Thousand Oaks: Sage.

Hwang, G. G. (1995). 儒家价值观的现代转化：理论分析与实证研究 [Modernisierung der konfuzianischen Werte: Theoretische und empirische Forschung]. In 乔,健 & 潘,乃古 (Hrsg.), 中国人的观念与行为[*Denken und Verhalten der Chinesen*] (S. 163–208). Tianjin: 天津人民出版社.

Hwang, G. G. (2004). 人情与面子：中国人的权力游戏 [Beziehungen und Gesicht: Machtspiel der Chinesen]. In 黄,光国 & 胡,先缙 (Hrsg.), 面子：中国人的权力游戏 [*Gesicht: Machtspiel der Chinesen*] (S. 1–39). Peking: 中国人民大学出版社.

Leung, K., & Bond, M. H. (1984). The impact of cultural collectivism on reward allocation. *Journal of Personality and Social Psychology, 47*(4), 793–804.

Ma, X. J. (2007). *Personalführung in China: Motivationsinstrumente und Anreize*. Göttingen: Vandenhoeck & Ruprecht.

Nevis, E. C. (1983a). Cultural assumptions and productivity: The United States and China. *Sloan Management Review, 24*, 17–29.

Nevis, E. C. (1983b). Using an American perspective in understanding another culture: Toward a hierarchy of needs for the People's Republic of China. *Journal of Applied Behavioural Science, 19*(3), 249–264.

© Springer Fachmedien Wiesbaden 2015

X. Ma, F. Becker, *Business-Kultur in China*, essentials,
DOI 10.1007/978-3-658-09040-1

Shang Guan, Z. M. (2004). 创造力危机: 中国教育现状反思 [*Krise der Innovationskräfte: Nachdenken über den Bildungsstand in China*]. Shanghai: 华东师范大学出版社.

Singh, P. N., Huang, S. C., & Thompson, G. G. (1962). A comparative study of selected attitudes, values, and personality characteristics of American, Chinese, and Indian students. *The Journal of Social Psychology, 57*(1), 123–132.

Sun, G. H. (1993). The five interpersonal relationships in the four books: A study of Confucian ethics. *National Taiwan University Journal of Sociology, 22,* 1–48.

Wen, C. Y. (1988). 从价值取向谈中国国民性 [Der chinesische Volkscharakter aus einer Werteperspektive]. In 杨,国枢 (Hrsg.), 中国人的性格 [*Volkscharakter der Chinesen*] (S. 18–52). TaiPei: 桂冠图书公司.

Wu, Y. H. (1991). 中国人口政策与独生子女的教养 [Bevölkerungspolitik und Erziehung des einzeln Kindes in China]. In 乔健 (Hrsg.), 中国家庭及其变迁 [*Chinesische Familien im Wandel*] (S. 277–286). Hong Kong: 中文大学.

Wu, Y. H. (1995). 华人父母的权威观念与行为: 海内外华人家庭教育之比较研究 [Autoritäre Einstellungen und Verhalten von chinesischen Eltern: Vergleich der chinesischen Familienerziehung im Inland und Ausland]. In 健. 乔 & 乃. 潘 (Hrsg.), 中国人的观念与行为 [*Einstellung und Verhalten von Chinesen*] (S. 339–350). Tianjin:天津人民出版社.

Yang, K. S. (1988). Will societal modernization eventually eliminate cross-cultural psychological differences. In M. H. Bond (Hrsg.), *The cross-cultural challenge to social psychology* (S. 67–85). Newbury Park: Sage Publications.